KB053199

코로나 학번을 위한
대학생활 선택의 모든 것

코로나 학번을 위한
대학생활 선택의 모든 것

초판 1쇄 발행 | 2022년 10월 25일

지은이 | 김선희
펴낸이 | 김지연
펴낸곳 | 마음세상

주 소 | 경기도 파주시 한빛로 70 515-501

신고번호 | 제406-2011-000024호
신고일자 | 2011년 3월 7일

ISBN | 979-11-5636-039-1 (03190)

원고투고 | maumsesang2@nate.com

* 값 14,500원

* 마음세상은 삶의 감동을 이끌어내는 진솔한 책을 발간하
고 있습니다. 참신한 원고가 준비되셨다면 망설이지 마시고
연락주세요.

코로나 학번을 위한
대학생활 선택의 모든 것

김선희

마음세상

이 책을 추천합니다

학교에서 짜여진 대로 살았던 고등학생에서 벗어나 성인이 되어 대학생이 되었다. 이제 앞으로의 모든 생활을 내가 주도적으로 선택할 수 있다는 생각에 설레기도 했지만 한편으로는 막연한 현실에 내던져진 것 같았다. 대학 생활의 욕심은 큰데 친절하게 알려주는 사람은 없어서 고민은 쌓여갔다. 그런 나에게 이 책은 나의 대학 생활 선생님 같은 존재다. 저자는 오랜 시간 동안 대학생 상담 경험으로, 대학생의 흔한 고민인 학점, 복수전공, 진로 선택에 대해 현실적으로, 또 명쾌하게 조언한다. 대학생이면서도 아직 미숙한 어른들인 우리에게 앞으로 어떤 삶을 살아야 할지에 대해서도 알려주어 이 책은 삶의 지도가 되어줄 것이다.

_김예원 (서울대학교 경영학과 22학번)

학교에 갓 입학한 신입생은 대학이란 조직이 서툴고 고등학교 때와 모든 것이 다르고 스스로 해결해야 한다. 어느 부서에서 어떤 정보를 얻을 수 있는지 그 정보를 어떻게 활용할 수 있는지 너무 막막하고 답답할 것이다.

이 책은 저학년들에게 학교 생활에서 가장 필요한 교과·비교과 활동의 방향을 제시해 주는 지침서라 할 수 있겠다. 10년 이상을 학생들을 상대로 상담을 통해 얻은 경험과 학교 근무 이력이 이 책에 고스란히 담겨 있는 것 같다.

학교 생활을 하면서 무엇을 할지 모르겠고 답답하다면 이 책을 권하고 싶다. 여명이 밝아오는 듯한 선명한 길을 안내 해 줄 것으로 믿는다. "실행이 답이다." 라고 했다. 바로 그 실행을 이 책을 통해서 실천해보기 바란다.

_배영환 (아주대학교 대학일자리플러스센터 운영팀장)

대학생 및 취준생들은 대개 본인을 파악하고 직무를 선택하는 것이 아니라, 직무에 맞춰 본인을 바꾸려 한다. 취업기관의 조사에 따르면 이직 사유의 1순위가 직무가 맞지 않아 발생한다. 힘들게 취업해서 다시 취업전선에 나가는 것을 피하기 위해서라도, 상시채용이 확대됨에 따라 직무역량이 강조되는 트랜드를 따라가기 위해서라도, 본인이 어떤 것을 좋아하고 강점/약점이 뭔지 파악하고 본인에게 맞는 직무를 선택해서 준비해야 한다.

이 책은 취업 트랜드에 맞춰 대학생 및 취준생들에게 취업에 있어 어떻게 해야 할지에 대한 막연함과, 올바르게 가고 있는가라는 물음에 대한 조언이 담겨있는 책이다. 누구보다 대학생 및 취준생들과 가까이 계셨던 터라 많은 사례를 토대로 그들이 가지고 있는 궁금증과 그들에게 해줄 조언을 바로 옆에서 이야기해주듯 쉽게 풀어놓았다. 많은 대학생 및 취준생들이 이 책을 통해 올바른 취업에 대한 가치관을 정립하길 응원한다.

_이우영 (현대자동차 재직자)

덕업일치가 제 목표에요

국어국문학과 졸업 예정생인 A양은 그야말로 자신감에 넘치는 표정이었습니다. 그의 자기소개서 내용을 보니 그럴 수 있겠다는 생각이 들었고 그가 궁금해졌습니다.

어릴 적부터 웹소설에 흥미를 느끼고 웹소설 작가가 아닌 기획자가 되기로 생각했다네요. 원 없이 웹소설을 볼 수 있을 것이라는 기대도 있었고요. 원하는 대학의 국어국문학과를 당당히 합격하였고 전공에 맞게 다양한 작품을 섭렵하며 장르를 넘나들며 읽느라 즐거운 대학생활을 했답니다. 그러면서 콘텐츠 소비자로만 머물지 않고 작품에 대한 리뷰나 분석을 기록으로 남기며 콘텐츠 생산자로서의 능력을 키워왔던 거예요.

이와 같은 취업준비생은 사실 많지 않습니다. 전체를 봤을 때 자신의 목표에 맞추어 전공을 선택하고 한 방향으로 밀고 가는 경우는 현장에서 체감하기에는 열에 한 명 정도 되는 것 같습니다. 이 행복한 청년을 보며 저는 절로 엄마 미소를 띠며 지지와 응원을 보내며 그의 취업 지원 과정을 도왔습니다.

자신의 흥미와 적성을 키워가며 차근차근 준비해온 이 학생을 만나면서 의문이 들었습니다. 왜 학생들은 직업을 선택하는 기준으로 흥미와 적성을 꼽으면서, 정작 자신의 흥미와 적성을 모를까 하는 점이었습니다. 학생들을 만나보면 정말 다 다른 이유가 있더라고요. 그런데 학생들은 대부분 자신의 흥미와 적성을 모른 채 전공 우대하거나 안정적인 기업으로의 사회진출을 물 흐르듯 따라가고 있었습니다. 고학년이 되어 남들 하는 대로라도 준비하려고 하니, 선배들의 취업처가 궁금해지고, 알아보니 자신이 원하지 않거나 혹은 요구사항이 너무 높고 많다고 좌절하며 또 손을 놓게 되는 경우도 있습니다. 어때요, 여러분도 그러한가요?

이 책은 이미 준비된 20대를 위한 내용은 아닙니다. 구체적인 목표가 없는 혹은 자신이 없는 청년들에게 지푸라기와도 같은 책입니다. '이렇게 해봐'라는 다그침이 아니라 작은 것에서부터 시작해보라고 응원을 보내는 편지입니다.

진로 취업에 도움을 주는 여러 책에서는 어떻게 해야 취업에 성공한다는 당위만을 얘기하고 구체적인 고민에 대해 어떻게 선택해야 할지를 제시해주지 않는 경우가 많습니다. 학생들이 처한 상황에 따라 다르긴 하겠지만, 최대한 상황에 맞는 구체적인 방법과 예시를 담으려고 했습니다. 그간 10년간 만나온 학생들의 사례를 바탕으로 진로 선택에 어려움을 겪을 때, 여러분의 전공이 힘들게 했을 때 그리고 대학 생활 동안 수많은 선택지를 마주했을 때 들춰볼 수 있는 책이길 바랍니다.

여기에 담은 이야기들은 처음부터 읽어도 되고 지금 하는 고민에 해당하는 꼭지만 봐도 괜찮습니다. 학년별로 그 시기에 주로 물어오는 질문들로 묶었지만, 학년에 상관없이 질문들이 생겨날 수 있으니깐요. 어쩌면 그 질문에 대한 내용을 읽어보면서 스스로 새로운 질문을 하게 될 수도 있습니다. 그리고 그 답은 언제나 여러분 안에 있습니다. 가만히 자신에게 물어보세요. '내가 진짜 원하는 게 무엇일까?' 그 질문과 마주했을 때 이 책을 읽는 여러분은 자신만의 답을 찾아갈 수 있을 것입니다.

제1장

1학년
대학이 뭔가요?

대학생이 되면 뭐부터 해요?

모든 신입생이 긴장과 설렘으로 들떠야 할 3월에, 우리는 막연한 불안감을 가지고 시작하게 되었습니다. 2019년 겨울에 시작된 코로나바이러스가 지금까지 유행할 것이라고 누구도 생각하지 못했기 때문일 것입니다. 다행스럽게도 2022학년도부터는 대학교마다 수업 운영 계획상으로는 일부 대면 수업을 확대, 진행하게 되었습니다. 교육부 지침을 따르기 때문에 이 역시 다소 유동적일 수는 있겠습니다. 이에 따라 대학도 대응책을 마련하고 있지만 그래도 학생들의 입장에서는 불안하고 막연한 건 당연할 수밖에 없을 듯합니다.

이제는 줌(zoom)도 많이 익숙해졌고, 비대면 상황이 좀 편해진 것도 한편으로는 사실이지요. 하지만 대학교라는 공간이 공부만 하는 공간이 아니라는 데에 이 불안감이 시작되는 것 같습니다. 자신이 찾지 않으면 모르고 지나가는 게 태반이거든요. 대면 상황이면 동기들이나 선배들을 통해 주워듣는 정보도 있지만 비대면 상황에는 찾는 방법조차 익숙하지 않기 때문에 놓치기 일쑤입니다. 그런 이유로 지난 20, 21학번들은 '아 이런 게 있었네' 하며 몰라서 못 했던 것들이 큰 아쉬움이었다고 합니다. 여러분의 대학 생활 전반에 대해 안내해드릴 순 없지만, 꼭 필요한 것들을 우선 담아봤습니다.

대학 신입생 여러분이 꼭꼭 챙겨야 하는 것이 대학 홈페이지 공지사항과 대학 SNS 채널 활용입니다! 여러분이 다니는 학교에서는 여러분을 위해 많은 걸 준비하고 제공하고 있답니다! 이것만 알아도 학교가 친숙해질 겁니다!

학교 정보와 친해지기
포털 공지부터 학과 공지까지

대학생이라면 포털사이트와 가장 먼저 친해져야 합니다. 포털은 학교마다 부르는 방법이 다 다를 수 있습니다만, 말 그대로 학교의 다양한 페이지로 연동될 수 있는 접속페이지를 의미합니다. 포털에는 학교의 주요 일정과 주요 기관 바로가기 링크, 교내 전화번호 찾기, 이러닝 시스템뿐만 아니라 교내식당 메뉴도 구성해놓는 경우가 있습니다. 포털에만 익숙해져도 다른 정보를 찾는 데에 훨씬 수월하게 된답니다.

이곳에 '공지사항' '알림' 같은 내용으로 된 게시판은 꼭 1일 1독 하기를 바랍니다. 학기 초에는 중요한 정보도 많아 교내 각 부서에서 공지사항을 매일 업데이트한답니다. 특히 학사 관련된 것은 놓치지 말아야 합니다. 여러분의 학교 수업에 있어서 가장 중요한 내용들을 담고 있거든요. 수강 신청 정정 기간, 휴학 관련, 수업일수 기준 등 다양한 공고들이 시기에 따라 올라옵니다. 좀 더 알아보겠다 싶은 학생들은 지난해 것도 한 번 훑어보세요. 일회성인 행사도 있지만 비슷한 시기에 운영하는 것들이 있기 때문에 패턴을 확인할 수 있고 대비할 수 있답니다!

그 외에도 학과 규모가 큰 전공일 경우는 학과 혹은 단과대학 공지사항 게시판도 참고하길 바랍니다. 특정 전공 내지 단과대학에 국한된 안내 사항은 각 학과 및 단과대학 게시판에 별도 공지하는 경우가 있기 때문입니다. 물론 학과 단체메신저로 묶여있는 경우, 알림이 오기도 하지만 좀더 능동적으로 정보를 찾고 읽어나가는 습관을 들이기 바랍니다.

학교 관련 SNS 팔로우하기
학교와 학과 SNS 채널뿐만 아니라 학교 애플리케이션까지

학교에는 다양한 정보가 오가죠. 이전에 비해 확실히 학교에서도 다양한 SNS 채널을 적극적으로 활용하여 교내 정보를 공유하고 있습니다. 그러다 보니 너무 많다고도 느껴지실 수 있겠습니다. 앞서 말씀드린 포털 공지사항이 공식적인 안내 사항을 담고 있다면 SNS 채널에서는 공지뿐만 아니라 이벤트와 비정기적인 정보제공이 이루어지니 꼭 참고하시기 바랍니다. 총학생회와 학과 학생회 계정은 팔로우하셔야겠지요. 소속된 학과 혹은 단과대학 선배들과의 내적 친밀감을 쌓을 수 있답니다. 인스타그램에만 들어가도 학교 학과명으로 검색하시면 여러 개의 계정이 나올 테니 그중에서 선택하시면 될 듯합니다. 매해 학생회가 새로 선출이 되면 기존 계정을 이어하기도 하지만 새로 계정을 만드는 경우도 있으니 현재 운영되고 있는 학생회를 선택해야 하는 건 당연하겠지요.

아마 일찍 팔로우해둔 신입생들이라면 긱 학생회에서 학기 시작 전 수강 신청에 대한 꿀팁을 SNS 채널을 통해 알고 하지 않았을까 싶습니다. 오프라인 행사를 하지 못하게 된 각 학생회는 SNS 콘텐츠를 통해 신입생의 적응을 돕고 학교 및 학과의 정보를 알려주고자 노력하고 있답니다. 채널을 관리하는 선배들에게는 팔로우와 하트는 힘이 되

겠지요. 인스타그램뿐만 아니라 블로그, 유튜브 등 다양한 채널에서 학교 및 학과의 정보를 접하실 수 있으니 다들 검색하러 갑시다! 아, 학교 공식 애플리케이션도 있다면 꼭꼭 다운로드하세요!

비교과 운영 사이트와 친해지기

전공과목 이외의 모든 교육을 교내 비교과라고 합니다!

최근 들어 대학마다 통합 비교과 시스템(학교별 명칭은 다 다릅니다)을 운영하고 있습니다. 비교과라고 하니 낯설지만, 전공교과목 이외 교내에서 이루어지는 교육은 비교과라는 이름으로 운영, 관리되어 왔습니다. 어떤 학교에서는 진로 및 취업 관련 부서 사이트를 중심으로 별도로 운영하는 경우가 있기도 하고, 교내 모든 비교과를 통합 관리하기도 합니다. 이 사이트를 통해 공지 및 신청은 물론이고 수료한 프로그램을 통해 핵심역량(학교별 인재상)에 얼마나 부합하는지를 분석해주기도 합니다. 비교과 참여를 독려하기 위해 우수 수료생들에게는 누적된 마일리지에 따라 소정의 장학금을 지급하는 대학들도 있답니다. 교내에서 제공하는 좋은 교육도 수강하고, 수료하면 마일리지가 쌓여 장학금도 받을 수 있으니 일석이조이겠죠.

대학에 입학한 재학생에게 교내 비교과 프로그램 중 진로상담을 꼭 받아보길 당부 드리고 싶습니다. 학과별 지도교수님과도 상담이 배정

되기도 하겠지만 전문 컨설턴트와도 할 수 있습니다. 교내 진로 취업 관련 부서에는 여러분의 진로와 취업을 위해 도움을 줄 수 있는 전문 컨설턴트가 상주하여 여러분이 원하는 시간에 상담을 받을 수 있도록 지원하고 있습니다.

전 10여 년간 대학의 진로 취업부서에 있으면서 학생들에게 도움이 될 만한 교내외 정보를 수집하는 데에 재미를 느끼는 사람입니다. 그러다 보니 여러분의 진로나 취업을 위하여 교내외에서 접할 수 있는 유용한 정보를 큐레이션해 드리기도 한답니다. 여러분이 상담하고자 하는 내용에 대해 미리 찾아보고 기다리고 있기도 하죠. 저와 같은 전문가들이 계시는 곳이니, 만나서 어떤 도움을 받을 수 있는지, 뭐 하는 곳인지, 내 전공에서 어떤 준비를 하면 어떻게 나아갈 수 있는지, 무엇을 하면 좋을지 등 지금 그 고민들을 풀어놓아 보세요. 벌써부터 취업이라니 머리 아프다고요? 혹은 아직 아무것도 정해진 게 없어서 이야기 나눌 것이 없다고요? 그렇기 때문에 전문 컨설턴트를 만나서 이야기를 나누어보아야 합니다. 그래야 어영부영 보내는 시간을 줄일 수 있답니다. 여러분이 원하는 방향을 향해 가는 네에 분명히 도움받을 수 있을 겁니다.

학점이 중요한가요?

중요하지요. 학점은 전공기초역량이 얼마나 탄탄한지를 보여주는 지표거든요. 예전에는 학점이 높을수록 성실함으로도 평가받기도 했답니다. 그런데 이것도 최근 들어서 많이 깨지고 있는 것 같긴 해요. 무슨 말이냐면 취업할 때 학점이 가장 우위에 있지 않은 시대가 되었다는 거예요.

학점은 중요하지만, 학점'만' 중요하지 않다

최근 들어 직무역량 중심 채용으로 변화하고 있다는 이야기가 많이 나오고 있습니다. 쉽게 얘기하면 채용하고자 하는 그 일을 잘할 사람을 찾는다는 거지요. 단순 전공지식이 아닌 해야 할 '그 일'을 직간접적으로 경험해본 사람을 기업에서 찾고 있다는 말이랍니다. 그러다 보니 전공지식보다는 누적된 경험이 해당 분야와 얼마나 관련이 있느냐가 중요한 지표가 되곤 하지요. 예전에는 학점, 어학 점수, 자격증과 같은 정량적인 요소가 스펙이었다면 이제는 정성적인 경험이 중요하게 되었어요. 여기서 중요한 건 '경험'이라는 거예요. 여러분은 인턴, 신입으로 지원하는 것이지 경력직 지원이 아니니깐요. 그래서 말인데 그 '일'을 해보지 않았다고 너무 걱정하지 않았으면 좋겠어요.

그런데도 왜 학점이 중요하다고 말하는지 의아하겠군요. 학점은 해당 전공자로서의 기초역량을 확인하는 방법이기 때문에 중요하답니다. 그러니 전공과의 연관성이 높은 이공계열에서는 해당 분야에 전공영역이 명시되어 있는 경우를 많이 보았을 거예요. 그 분야의 전문가라고 생각해서 신입을 채용한다기보다는 최소한 전공기초는 탄탄하겠다고 판단하는 데에 학점이 작용한다는 거지요. 물론 채용조건에 보면 대부분 기업에서 최소 학점 기준을 3.0으로 하고 있기 때문에 3점 초반 친구들도 합격하기도 한답니다. 그런데 그 학생들이 넘기 어려워하는 부분이 있어요. 바로 전공면접의 경우지요. 학점이 취약한 학생일수록 전공 면접에서 준비가 제대로 되어 있지 않거나 대응이 매끄럽지 못한 경우가 많았거든요. 서류 합격 이후 전공 면접에 대해서 준비한 학점 낮은 지원자에 비해서 이미 전공이 잘 다져진 지원자가 수월할 수밖에 없거든요. 그렇기 때문에 전공을 기반으로 해당 직무 분야에 취업하고자 하는 학생이라면 전공은 잘 챙겨가는 것이 전략적으로도 바람직하겠지요.

하지만 오해하지 말길 바랍니다. 전공과 상관없는 분야로 가면 학점은 중요하지 않다고 하는 오해 말이지요. 채용공고를 보면 전공 무관이라는 사항을 보곤 합니다. 그러면 전공 무관 직무에는 전공학점이 상관없을까 하는 점인데, 이 부분에 대해서는 다양한 의견과 사례들이 있어서 일반화하긴 어렵긴 해요. 하지만 접근법은 이렇게 생각해보면 어떨까요.

이를테면 경영학과 전공생과 기계공학 전공생은 서로 학문적 배경이 다르겠지요? 둘 다 학점이 높다고 보자고요. 그런데 두 사람이 글 쓰는 일을 하고 싶어 한다고 해보십시다. 두 사람이 왜 글을 쓰고 싶어 하느냐하는 배경은 제쳐두고 다음 상황을 한 번 보세요. 기업 홍보팀에서 대내외적으로 자사의 제품 혹은 서비스를 홍보하기 위한 글 쓰는 사람을 신입으로 찾고 있는 경우라고 보고요. 그러면 경영학 전공생은 마케팅 관련 전공적 이해를 바탕으로 접근할 수도 있고 기계공학 전공생은 제품의 기술적인 부분에 대한 이해를 바탕으로 접근할 수도 있겠지요. 전공에 대한 이해도가 높았던 두 사람은 각각 다른 글쓰기를 해나갈 수 있을 것이에요. 단정 지을 수는 없지만 그런 특성을 반영할 수도 있답니다. 즉, 높은 전공학점이 단순 정량적인 차별성이 아니라 전공무관 직무에서는 자신의 직무적 차별성으로 강조해볼 수 있다는 거지요. 만약 글쓰기 능력이 동일하다고 가정하였을 때, 기술적 홍보내용을 작성해야 하는 경우라면 기계공학 전공생이 경영학과 전공생에 비해 더 수월할 테니깐요.

즉, 전공 무관 직무라고 하더라도 해당 전공이 직무에 직간접적으로 활용 가능한 범위라고 하면 전공 학점은 의미가 있을 수 있답니다. 한편으론 이런 사례도 있어요.

전자공학 전공생 두 명이 있었답니다. 둘은 단짝이라 대학 생활을 비슷하게 보냈어요. 학점도 비슷하고 각기 다른 연구실에서 학부생 연구도 했기도 했지요. 동일 기업에 지원해서 서류전형과 인적성 검사는 함께 붙었지만, 면접에서는 다른 결과가 나왔답니다. 두 친구의 정량적인 차이가 있었다고 생각하지 않아요. 면접이라는 것에 얼마나 유연하게 대처할 수 있었는가, 그것을 증명할 만한 경험으로 어떤 것을 내세웠는가 등등 정성적인 것들이 다르지 않았을까 싶어요.

지원 직무가 전공 관련 직무든 아니든 학점'만' 중요한 것은 아니라는 것이 무엇인지 아시겠지요. 그러니 무턱대고 전공과 맞지 않다고 학점을 등한시하거나 학점만 관리하거나 하는 접근은 유의하셔야 합니다.

학점이 유용한 경우
교내 프로그램 선발 시, 그리고 시간관리를 위해

　학점이 유용하게 쓰이는 곳이 한 군데 있지요. 바로 학교에서 선발되는 프로그램에 신청할 때랍니다. 학교에서도 다양한 비교과 프로그램이 제공되고 있는데. 특히 해외 연수 및 교환학생 프로그램이나 전과 등 해당자를 선발해야 할 때는 학점이 높은 자를 우선으로 하기도 한답니다. 학교마다 공무원을 뽑을 때 7급 지역인재를 학교추천으로 선발하기도 하는데 이때 역시 학점은 고고익선이랍니다. 장학금은 성적장학금 외에도 다양한데 경쟁률이 높을 땐 학점이 기준이 되는 경우도 있고요. 교내에서 뭔가를 해보고 싶을 때 학점 때문에 고배를 마시는 경우가 있으니 나중에 후회 말고 미리미리 해놓기입니다!

　학점관리가 잘 안 되어 또 하나 아쉬울 때는 바로 취업을 준비하는 과정에서 발생합니다. 1학년 때 학사경고를 받거나 낮은 학점이어도 비슷비슷한 친구들과 웃으며 서로 위로하고 보낼 수도 있지요. 제대 후 복학했을 때 혹은 원하는 일을 찾아 취업 지원 시기에 임박했을 때 뒤늦게 학점을 최소기준으로 끌어올리기 위해서 전공 공부에 매진하곤 합니다. 그렇게 하다가 방학에도 계절학기를 들어야 해서 다른 경험을 해볼 수 있는 시간도 갖지 못할 수 있습니다. 결국 4학년 2학기 때에는 학점만 남는 경우도 여럿 보았답니다. 학점만으로는 여러분의 능력을 확인할 방법이 없거든요. 게다가 비대면 수업으로 인해 절대평가가 적용되어 고학점자가 많아지기도 한 점도 잊지 마세요. 미리 학점을 잘 관리해뒀을 경우에는 고학년이 되었을 때도 원하는 것을 이루기 위한 시간 배분을 잘하실 수 있을 겁니다.

사회로 나가는 준비를 하는 여러분을 만나기 위해 기업은 대학에서 배운 최소한의 전공기초 능력을 갖추고 있기를 기대해요. 그런데 그게 그렇게 중요하다면 3.0이라는 다소 낮은 기준을 제시하진 않겠지요. 그렇기 때문에 학점은 전공분야의 기초능력을 보여주는 것으로 중심을 두되 여러분이 하고 싶은 그 일을 잘한다고 증명할 만한 경험으로 채워나갈 수 있길 바랍니다. 그것이 전국에 있는 동일 전공생보다 원하는 분야로 진출할 수 있게 하는 차별성이 될 것입니다.

복수전공, 부전공을 해야 할까요?

저학년이신가요? 혹 복수전공 또는 부전공에 대한 것으로 고민 중인가요? 특히나 인문, 사회, 어문계열 학생들은 상경계열로, 자연계열 학생들은 공학계열로의 복수전공을 많이 고려하던데 여러분은 어떤 가요. 그동안 만나온 학생들에게 그 이유를 물어보면 '제 전공으로는 취업하기 어렵다고 해서요' 하는 답이 돌아오더라고요. 아무래도 자신의 전공이 순수학문을 지향하기 때문에 비실용적이라는 생각이 들어서인지도 모르겠습니다. 수많은 복수전공자가 한길로 가는 것도 아닐 텐데 선택하게 되는 복수전공이나 부전공이 거의 비슷하다는 게 이상하지 않나요? 여러분도 혹시 이런 이유로 고민하고 있나요? 복수전공 혹은 부전공 결정하기 전에 생각해야 할 것들에 대해 짚어볼까요.

특정 학과를 폄하하는 것은 아닙니다만, 경영학과든 공학계열의 전공이든 취업률로 확인해봤을 때 100%인 학과는 거의 없습니다. 해당 학과 학생들과 이야기 나누어보면 경영학과는 재무회계나 마케팅에, 요즘은 데이터사이언스 관련 세부 전공까지 있는 상황이라 오히려 무엇을 해야 할지 모르겠다고 호소하기도 합니다. 공학계열 학생들도 해당 전공 분야의 대표 산업으로 가곤 하지만 자신은 그 길에 흥미가 없어 고민이 된다고 하고요. 결국 목표없는 복수전공 선택이 취업을 보장해주진 않는다는 의미로 말씀드리는 것입니다.

복수전공이 취업에 도움이 될까

반반입니다. 복수전공으로 취업에 유리한 경우를 굳이 꼽자면 주전공과 복수전공이 융합적 성격인지입니다. 사실 복수전공에 대해 고민할 때 이 부분을 고려하여 고민하는 경우는 많지 않습니다. 상경 계열이 혹은 공학계열이 취업에 유리하다는 말 때문이겠지요. 심지어 향후 계획 없이 전자공학이 대세라고 하여 인문계열 학생이 복수전공을 상의하는 일도 있었습니다. 본인은 원래 이공계였다면서요. 해당 학생과 컨설팅하면서 자신이 가지는 강점에 대한 이해가 제대로 되지 않았다는 점을 알 수 있었습니다.

도움이 될지 안 될지 알 수 없다는 말씀을 드리는 이유는 대부분의 지원서에 복수전공 작성란이 없는 경우가 많기 때문입니다. 자기소개서 상에서 부각하거나 혹은 면접 시 성적증명서에 나타난 이수 과목으로 알릴 수 있는 것이지요. 게다가 주전공 및 복수전공의 학점관리가 잘 되어 있지 않다면 이것도 저것도 아닌 상태가 될 수 있답니다. 때론 학생 중에 전공과목에 대한 부담을 느껴 학점관리가 잘 안 되거나, 추가 학기를 더 해야 한다는 부담감으로 마지막에 부전공으로 변경하는 때도 있습니다. 왜냐하면 주전공도 잘 맞지 않은 상태에서 취업에 유리할 것이라는 막연함으로 결정한 선택일 수 있으니깐요.

중요한 것은, 해당 전공이 취업에 유리한지가 아니라, 여러분이 하고자 하는 일이 무엇인지 그리고 현재 전공 혹은 복수전공으로 자신이 하고자 하는 일에 어떤 영향을 미칠 수 있는가입니다. 그러한 고민의 연장선에서 복수전공을 생각한다면 해당 공부도 더 흥미롭지 않을까요?

주전공의 부족함 어떻게 하나
나아가고자 하는 방향이 있을 때

현재의 전공으로 여러분이 진출하고 싶은 분야의 일을 수행하기에 어려움이 있다는 생각이 들었나요. 그렇다면 복수전공이나 부전공이 아니어도 필요한 강의만 수강해볼 수 있습니다. 바로 온라인 강의입니다. 코로나 팬데믹으로 온라인강좌 플랫폼에서 양질의 교육을 이수할 수 있게 되었습니다. 대표 격이 MOOC입니다. 세계 유수 대학의 강의를 온라인으로 공개한 것이지요. 어떤 유료 강좌는 피드백과 수료증도 나오기도 합니다. 이는 COURSERA도 유사합니다. 영어강의가 부담스럽다면, 국내 버전도 있습니다. 바로 K-MOOC 그리고 KOCW입니다. 일부 대학에서는 특성화된 콘텐츠를 제공하기도 합니다. 이공계열 특화 강의 플랫폼도 있는데요, STAR-MOOC로 KAIST, GIST, DGIST, UNIST, POSTECH, UST에서 제공하는 서비스입니다.

사실 이런 강의를 무료로 이용할 수 있다고 해도 정말 그쪽 분야로 나아가거나 필요하지 않으면 지나가기 마련입니다. 당연하지요. 아무리 좋은 강의라도 필요하다는 생각이 들지 않았을 테니깐요. 그러니 복수전공, 부전공의 경우라면 학점까지 걸려있는데 단순 취업의 유불리만으로 선택하기에는 한계가 있을 수밖에 없답니다.

학교 내에서도 타전공 교수님께 양해를 구해서 청강 또는 수강하는 방법도 있습니다. 한 기계공학 학생의 경우 향후 구매 직무로 나아가기 위해 회계 수업을 수강하기도 하였고, 실제 면접에서도 면접관들이 그 부분에 대해 관심을 가지더라고 하더군요. 물리학과였던 학생도 반도체분야로 가기 위해 전자공학 수업을 수강해서 자신의 전공에 대한 이해를 더 높였던 경우도 있었습니다. 이렇듯 자신의 나가야 할 방향을 정하게 된다면 꼭 복수전공이 아니어도 교내에서든 온라인 플랫폼에서든 지원받을 수 있습니다.

복수전공 선택시 가장 우선되어야 할 것은 취업에서 유불리한지에 대한 문제가 아니라는 것입니다. 해당 전공자도 취업에 어려울 수 있으니깐요. 그러니 어떤 일을 할지에 대한 고민이 선행되어야 합니다. 하지만 고민만 하지 마시고 관련된 정보를 찾아보고 결정하고 행동하길 바랍니다. 여러분이 하고자 하는 그 방향을 학교도 지역사회도 그리고 기업에서도 돕고자 다양한 플랫폼이 제공되어 있습니다. 적극적으로 활용하시고 그 방향을 단단하게 구축해나가길 바랍니다.

어떤 경험을 해야 하나요?

지긋지긋한 팬데믹 시대가 끝나고 있을까요. 얼마 전 제가 있는 캠퍼스에는 축제가 열리기도 했습니다. 기업의 이벤트 홍보부스가 나타나기도 했고요. 점차 캠퍼스 내에 학생들이 활기를 띠는 모습을 목격하곤 합니다.

그동안에는 코로나19로 인하여 대외활동에 많은 제약이 있었습니다. 그래서 경험을 제대로 하지 못한 것에 대한 일종의 면죄부가 되어주기도 했습니다. 하지만 그 상황에서도 나름의 경험을 쌓아간 학생들도 분명히 있습니다. 그렇기 때문에 시대의 탓만을 하기에는 무리가 있습니다. 더욱이 지금처럼 일상으로 돌아가는 상황에서는 더이상 경험하기 어렵다는 말로는 가능하지 않을 수도 있겠습니다.

많은 학생이 직무 관련 경험을 해야 한다고 하니 인턴 이외에는 생각을 못 하는 경우도 많습니다. 인턴 경험 없이도 취업하는 사례는 있으니 필수라기보다는 또 하나의 경험인 셈이겠죠. 그렇다면 어떤 경험이 '좋은' 경험일까요?

좋은 경험이란 정해진 것이 없다

사실 어떤 경험이냐보다는 해당 경험을 통해 자신의 어떤 면을 드러낼 수 있는가가 더 중요합니다. 저마다 다른 자신의 강점이 아무 때나 나타나진 않겠지만 그래도 좋아하고 재밌어 보이는 일에 좀 더 나서서 할 수 있을 것입니다. 작정하고 '그래, 내 강점을 발휘해보겠어'라고 한다고 해도 억지로 혹은 남들이 좋다고 해서 선택한 경험이라면 구체적인 에피소드가 등장하지 않습니다. 좋아하고 재밌는 일이 아니라면 그 일에서 자신이 어떻게 움직여야 할지 알 수 없기 때문입니다.

한 학생은 식품회사에 신제품 테스트 아르바이트를 했다고 합니다. 시간 대비 시급이 높아 1년 6개월 넘게 그 일을 했다고 합니다. 하지만 말 그대로 시급을 위해 한 일이었기 때문에 그렇게 오래 했음에도 불구하고 다른 활동으로 이어지지 못했습니다. 그 학생이 마케팅 직무 내지는 식품 산업에 관심이 있었다면 그 과정을 기록했다거나 경쟁사

제품과 비교 분석해봤다거나 여러 가지 생산적인 활동으로 이어져 자신의 강점을 발휘할 기회가 되지 않았을까 하는 아쉬움이 있었습니다. 반면에 전공은 물론 진출 분야로도 전혀 상관없는 일급 높은 아르바이트를 한 학생은 무조건 빨리 끝낼 수 있는 가장 효율적이고도 완성도 있는 방법을 고민했습니다. 그래서 동일 일급을 받으면서도 빠르고 정확하게 끝내곤 했는데 이는 이후 시간을 또 잘 보내고 싶은 마음이 작용했다고 합니다. 아르바이트 자체가 좋아했던 일은 아니지만, 이 일을 통해 능동적으로 일 처리를 함으로써 자신의 강점이 잘 드러난 일화였습니다.

응원단장이었던 한 학생은 단장일 때나 아닐 때나 해당 동아리뿐만 아니라 학교에 대한 애정이 많았기 때문에 매사 적극적이고 주인의식을 가지고 모든 행사에 참여했다고 합니다. 그 덕분에 교수님께 추천받아 좋은 기업의 인턴 기회를 잡고 취업으로까지 이어지기도 하였습니다. 전시박람회 분야가 좋아 연합동아리를 통해 대학생을 대상으로 한 박람회 기획에 참여한 학생이 있었습니다. 본인에게 주어진 일은 아니었지만, 이 박람회가 더 잘 되길 바라는 마음에 미술관 협찬 티켓을 받아오기도 했습니다. 좋아서 하는 일은 그 활동만으로 그치지 않게 하는 힘이 있기도 합니다.

LG에서 하는 대외활동 중 입사 기회까지 연계됐던 LG글로벌챌린저라고 있었습니다. 한 학생은 저학년이었지만 선배들과 함께 참여하였고 많은 고민과 준비로 최종 입상하였습니다. 그리고 고학년이었던 참여자 일부는 입사를, 해당 학생은 인턴의 기회를 얻게 되었지요. 하지만 그 학생은 이것에 어떤 의미를 두지 않았던 모양입니다. 그러니 해당 경험을 통해 자신의 강점을 강조하거나 어필하지 못하였습니다. 기뻤던 순간이었으나 선배들이 하라는 역할을 성실하게 수행하였기 때문에 능동적이지 못했던 것입니다.

어떤 학생들은 이렇게 묻기도 합니다. 교환학생을 할까요, 봉사활동을 할까요 하며 특정 경험을 할지 말지에 대해서 말입니다. 하면 될 텐데 굳이 저에게 의견을 왜 물을까요. 바로 취업에 유리할까를 고민하기 때문이지요. 취업에 유리한 것 다시 말해 해당 직무에 필요한 경험은 채용공고 상에 자격 혹은 우대 사항으로 제시되는 경우가 많습니다. 하지만 어느 채용공고를 봐도 봉사, 교환학생 등 특정 경험을 요구하지 않습니다.

경험이란 그래요. 예전처럼 7대 스펙이니 8대 스펙이니 하는 것이 정량적으로 의미가 약해졌어요. 다양한 경험으로 무엇을 했냐는 것보다는 그 경험 속에서 지원자의 역량을 확인할 수 있느냐 하는 관점으로 바뀐 것이지요. 왜냐하면 예전에 비해 경험을 할 수 있는 기회들은 많아졌는데 같은 경험을 했다고 해도 개개인의 차별성 내지 직무적 유관성을 발견하기 어려웠기 때문입니다. 즉 학생회 경험이 있다고 다 리더십이 있다고 보지 않는다는 거예요. 혹은 공모전 입상이 도전을 보여준다고 단순화하여 평가하지 않는 거고요. 학생회를 한 학생 중에서는 리더십이 아닌 문제해결 능력이랄지 기획력을 보여주는 경우가 있을 수 있고, 어쩌면 선배들이 하던 대로 했기 때문에 딱히 할 말이 없는 사람도 있을 거예요. 마찬가지로 공모전이 도전이긴 했으나 그 성과에 뚜렷하게 기여한 바가 없다면 평가자 입장에서는 입상 자체가 그 사람의 역량이구나 하고 평가할 어떠한 점을 발견하지 못할 수 있답니다.

이왕 하는 경험이라면
공익성, 능동성, 어른들과의 교류

경험의 경우의 수는 워낙 많으니 요것만 기억해보세요. "공익성이 높은가, 능동성이 높은가, 그리고 어른들과 교류할 수 있는 경험인가." 이해되실까요? 좀 더 풀어보자면, 개인의 성취보다는 공동의 목표를 위해, 시키는 것만 열심히 하는 것이 아닌 자발적으로 능동적으로 일 처리를 하고, 또래나 손아랫사람보다는 어른들과 협업하는 기회가 많은 경험을 좋다고 볼 수 있을 듯해요. 여러분이 지원서를 작성할 즈음엔 취업을 앞둔 고학년이지만 사회로 나가면 다시 새내기 신입이 됩니다. 그렇기 때문에 조직으로 들어가는 것이고 조직의 목표에 맞는 공동작업에 참여하게 될 것이며, 그러기 위해서는 제 할 일을 찾아 나가는 능동성이 필요합니다. 또한 이 모든 것은 사회생활을 지속해온 직장인들에게는 당연하다고 생각할 수 있습니다. 따라서 연배가 높은 이들과의 의사소통 경험을 통해 여러분이 어떻게 대처해야 할지를 배울 수도 있습니다.

　장학금을 위해 공부한 경험을 도전이나 성취 경험으로 많이 활용하곤 합니다. 압니다, 도전이 쉽지 않다는 것을요. 하지만 SO WHAT? 이라는 물음표가 붙을 수밖에 없습니다. 그런데 장학금을 받은 경험이어도 이런 경우는 어떨까요? 자신이 하고자 하는 목표를 위해 부모님의 도움 없이 독립해보고자 하는 목표를 가지고 성적장학금을 이루어낸 경우가 있습니다. 그 학생의 스토리에는 전액 장학생이 되기 위한 노력은 메인이 아니라 수단이었고 그것을 통해 얻으려고 했던 다른 경험이 메인이었습니다. 장학금이라는 비슷한 소재일 수 있지만 전자는 열심히 공부한 이야기가 메인이었던 것에 비해 후자는 부모님과 협상을 통해 원하는 바를 얻기 위한 전략이었던 셈이죠. 뉘앙스가 다르다는 느낌이 올까요. 이런 건 어떤가요. 동아리의 예산이 부족했던 예산담당자는 단순 동아리의 예산을 확보한다는 차원에서 접근한 것이 아니라 지역경제 활성화를 내세워 학교 앞 상가의 협찬을 끌어낸 적이 있습니다. '우리 동아리 좀 도와주세요'라는 것보다는 좀 더 공익을 위한 행동이라고 받아들여진 것이지요.

아르바이트를 마치며 후임 아르바이트생에게 개인적 시간을 들여 추가적인 인수인계를 했던 에피소드 혹은 고객 응대에 얼마나 잘 대처했는지에 대한 에피소드가 있었습니다. 어쩌면 주어진 상황에서 아르바이트생으로서 당연히 해야 했던 일인 셈이죠. 그런데 한 학생은 편의점 아르바이트를 하면서 방문자에 대한 시간대별 조사를 통해 제품 위치를 조금씩 보완함으로써 매출 증대에 기여하였습니다. 누가 시켜서 한 일이 아니었습니다. 호프집에서 오랜 기간 일했던 한 학생은 사장의 개인 사정으로 휴점해야 하는 몇 달을 자신이 맡아보겠다며 운영해본 적이 있다고 합니다. 그간 그 학생이 잘 해내지 않았다면 사장도 맡기지 않았을 겁니다. 두 사례 모두 좀 더 능동적으로 일을 처리한 덕분에 얻은 성과인 셈이죠.

학원 아르바이트, 교육봉사를 통해 초등학생들에게 학습지도나 멘토링을 하는 경우를 들어 의사소통역량을 강조하는 경우가 있습니다. 그보다 교육봉사 운영기관 혹은 담당자와 해당 프로그램의 질적인 발전을 위해 의견을 개진하는 기회를 만들어내는 것이 자신의 역량을 부각하는 데에 더 적절하지 않을까 싶습니다. 신생동아리라 동아리방을 얻기 위해 학교 담당자와의 협의 과정에서 전략적인 준비를 해 원하는 바를 얻은 경우도 있었답니다. 영어 실력을 높이기 위해 학원을 선택하기도 하지만 한 학생은 사회인 영어 회화모임을 찾아 어른들과의 교류 경험을 늘리는 것을 선택하기도 했습니다. 근 손실로 인해 군 면제까지 받았던 한 학생은 자신의 체력을 검증하기 위해 진출 분야와는 달랐지만 물류 아르바이트를 했습니다. 택배 상품의 승하차를 사람이 하는데 체력적으로 힘들다고 합니다. 그 과정에서 오래 일하신 현장 어른들에게 격려받으며 분위기를 익힌 덕분에 빠르게 적응할 수 있었습니다. 면접에서 이 경험을 듣고 나면 이 친구의 군 면제 사유로 인해 향후 체력이 부족할까 하는 의심을 보내지 않았습니다. 모두 또래를 넘어 어른들과의 업무 진행 경험으로 자신의 역량을 돋보인 셈입니다.

합주동아리에서 단장으로서 부족한 후배를 이끌어주고 공연을 성공리에 마친 경우는 단장에게 요구되는 당연한 일일 수도 있습니다만 공연을 성공리에 진행하기 위해 스텝이 다른 동아리에 가서 도움을 요청하여 무대에 올라가는 이들이 잘 할 수 있도록 연합작전을 한 경우는 어떨까요. 주어진 역할에서 더 나아가 주도적으로 일을 해나간 경우지요.

과제 프로젝트는 어떨까요. 대부분 학생들은 교수님께서 내주신 과제 수준에 맞추어 그것을 달성하기 위해서만 열심히 하곤 합니다. 물론 그것만으로도 벅찰 때가 있죠. 그렇지만 어느 정도까지만 수행한 과제 경험은 자신의 역량을 드러내는 데에는 한계가 있기 마련입니다. 교수님께서 주신 과제만 하는 데에 그치는 것이 아니라 해당 이론을 더 이해하고 배워보고자 하는 노력 그리고 그것을 위해 다른 인적 자원을 활용해보는 경험은요. 교수님이 원하는 결과치보다 좀 더 우수한 결과를 만들어내기 위해 노력한 경우도 그러하겠지요. 한 학생은 실험의 완성도를 높이기 위해 밤새 실험 환경을 조작하여 다음날 모임에 팀원들에게 공개하여 원하는 것 이상으로 결과를 도출할 수 있었다고 합니다. 누군가는 잘 모르는 부분은 유튜브를 통해 관련 영상으로 공부하거나 해외논문도 찾아보며 적극적으로 내용에 대해 이해해보려고도 합니다. 누가 시켜서 한 것이 아닌 것이죠.

사례는 많답니다. 주어진 일만 하거나, 개인적인 성취만 좇거나, 또래 혹은 손아랫사람들과의 경험만으로는 이미 조직 생활을 하고 있는 평가자의 입장에서 봤을 때는 당연한 일화로 보일 수밖에 없답니다. 지원자들이 대부분 주어진 일을 열심히 수행한 경험을 대부분 제시하기 때문에 평가자는 지원자의 역량을 확인할 수 없는 것이랍니다.

제가 생각할 때는 지금 여러분이 할 수 있는 좋은 경험 중 하나는 죽은 동아리, 학생회를 살리는 데에 동참하는 것입니다. 코로나19로 인하여 많은 동아리가 사라지거나 동아리방이 없어지기도 하였습니다. 학생회 역시 2년여간 오프라인 행사를 하지 못하였는데 당장 축제나 새내기 배움터 등을 진행해야 할 수 있습니다. 고학년 선배들은 이미 졸업하여 행사 진행의 노하우도 전수하기 어려운 상황인데 말이죠. 이와 같은 상황에서 여러분이 애정하는 동아리 혹은 학생회가 포스트 코로나에 지속될 수 있도록 고민하고 실천하고 학교 담당 부서 담당자들과의 업무 협의 등을 통해 후배들에게 멋진 대학 생활을 이어가게 돕는 것, 뜻깊은 경험이 될 수 있지 않을까 싶습니다. 어때요, 해볼 만할까요?

여러분, 좋아하고 재밌어 보이는 일로 시작하세요. 그 일이 무엇이든 그 안에서 공동의 목표를 위해 고민하고 능동적으로 움직이고 윗사람들과 교류할 기회를 찾으세요. 경험이 확장될 것입니다.

MBTI 결과를 활용하여 나를 이해하기

MBTI 검사는 매번 사람들의 이목을 끄는 듯합니다. 자신에 대해 이해하고 싶다는 생각이 들면 가장 먼저 접근하게 되는 것도 이 검사가 아닌가 싶습니다. 검사에 대한 기본 설명보다도 저는 그것으로 자기이해를 어떻게 할 것인지에 대해 이야기해보려고 합니다. 아 참고로 저는 한국 MBTI 연구소에서 전문자격교육을 수료하여 현장에서 쓰고 있습니다.

많은 사람들이 MBTI 검사를 선택하는 이유는 여러 가지이겠지만 심리적 이론 근거를 바탕으로 했다는 점, 그리고 결과지표가 단순하게 나타난다는 점 등이 있지 않을까 싶습니다. 유료로 정식버전을 해볼 수도 있지만 무료 사이트도 있어서 접근성이 좋은 것도 같습니다.

제가 여러 차례 말하지만, 학교를 활용해보시기 바랍니다. 학생상담 센터를 중심으로 MBTI 정식 버전 검사 실시는 물론 전문가 해석을 제공하고 있습니다. 1:1로 때로는 집단으로 주제에 맞게 구성하여 제공하기도 하죠.

대부분 사람들이 호기심으로 했다가 '맞다맞어'를 속으로 되뇌며 '아 신기하다 잘 맞네' 하죠. 하지만 대부분은 곧 4가지의 코드를 잊거나 코드가 뒤섞이는 것으로 이어지더라고요. 코드 자체가 중요한 것은 아니지만 '검사 결과를 제대로 활용하지 못했구나' 하는 아쉬움이 들었습니다. 저는 검사가 여러분의 상태를 진단해주는 것이 아니라 탐색하는 용도로 활용해야 한다고 생각합니다. 단순히 결과 코드로 편가르기를 하는 것이 아니라 결과를 통해 자신을 이해하는 계기로 삼아야 할 것입니다.

그래서 MBTI 검사 결과로 자신에 대해 자가 점검해볼 수 있는 방법에 대해 알려드립니다. 결과리포트만 그냥 읽어보면 되느냐고요? 그런데 뭔가 아쉽지 않았나요?

물론 가장 좋은 것은 검사 결과에 대해 전문가와 상담을 받아보는 것을 추천드립니다! 그런데 이 때도 주의할 점이 있습니다. 해석을 통해 알고자 하는 목적을 알려야 한다는 것입니다. 그냥 '내가 궁금해요'인지, '앞으로 어떤 일이 맞을까요'라든지, '제가 꿈꾸는 일이 이것이랑 맞을까요'라든지 말입니다. 단일 검사만으로 한 사람의 특성을 이해하는 데에는 한계가 있기 마련입니다. 그렇기 때문에 적어도 자신의 목적을 분명히 해야 전문가가 그 목적에 맞게 방향을 가지고 해석할 수 있을 것입니다.

결과 정확도를 높여주는 실시 전 마음가짐
아무도 뭐라 하지 않는 상태의 나

MBTI 검사는 자기 보고식 성격유형 지표 검사입니다. 자기 보고식이라는 것은 여러분이 문항을 읽고 선택한 결과가 지표에 영향을 미친다는 것이죠. 그런데 해보신 분들은 아시겠지만, 사람들은 어느 상황인지에 따라 이러기도 저러기도 하지요? 어떤 문항을 보면 이런 선택을 하는 자신이 또 다른 문항을 보면 다른 선택을 고르는 경우가 많아져 신뢰도가 낮아지거나 결과에 대해 수긍하지 못하곤 합니다. 그래서 결과지에 보면 그 정량적인 지수가 낮게 나타나기도 하지요. 반대 성향이 전혀 없는 것이 아니기 때문에 이러지도 저러지도 않는 성향처럼 혹은 수긍하지 못하게 되는 것입니다.

이렇게 해보세요. 검사를 실시하기 전 아무런 평가를 받지 않는, 가장 나다운 시간을 보냈던 때를 떠올려보세요. 누군가 원하는 선택에 떠밀리기보다는 그냥 좋아하는 것을 할 때를 말이죠. 그런데 누군가는 '나다운 게 뭔지를 몰라서 이 검사를 하는 건데요.' 하고 하소연을 하기도 합니다. 그래요, 집단주의와 상대적 평가 속에서 살아온 우리들은 그게 참 쉽지 않아요. 그래도 최대한 그런 상황의 나를 떠올렸을 때 조금이라도 좋은 쪽, 마음 편한 쪽으로 선택하시면 좀더 분명하게 나와요. 이 검사는 여러분을 평가하고자 하는 게 아니에요. 그러니 적어도 어떻게 하면 내가 좋게 보일 수 있을까는 고려하지 말라는 의미입니다.

어떤 이들은 할 때마다 선호지표가 다르게 나오기도 하고, 늘 같게 나오기도 합니다. 예전에는 안 그랬던 자신이 점차 자신을 둘러싼 역할 내지 환경(학업, 업무 등)에 따라 훈련이 되기도 합니다. 반면에 자신의 성향으로 굳어진 것으로 강점화하여 계속 사용하거나 그 정도의 차이만 보이는 경우도 있지요. 그렇기 때문에 우리는 더욱 상황에 따라 이렇기도 저렇기도 한 선택을 하곤 합니다. 그래서 스스로 더 모르겠다고 생각이 들기도 하고요. 그러니 더욱 어떤 역할이나 환경 속에서 요구하는 바를 고려하지 않고 선택지를 고르셔야 합니다. 그렇다고 한 문항에 너무 오래 생각할 필요는 없습니다. 오히려 생각의 꼬리만 길어질 뿐입니다. 문장을 읽고 드는 선호도에 따라 49:51로 치우치는 쪽으로 선택하면 된답니다.

셀프체크 하나, 공감 가는 부분에 밑줄긋기

MBTI 검사 결과로 나를 제대로 이해하기

제대로 된 나를 이해하고 싶다면 꼭 결과지를 활용하여 생각해보는 시간을 가져보세요. 전문가의 해석을 들었더라도 자신에게 맞는 방법을 찾아나가기 위해서는 꼭 시간을 가지고 다음과 같이 해보길 바랍니다.

공감 가는 부분이 다들 있지요? 우선 밑줄을 그으세요. 그러고 나서 그 공감 가는 부분에 해당하는 성향이 잘 드러나는 경험을 떠올려보세요. 툭툭 떠올려지나요? 소소한 것도 좋고 뭔가 성과가 나는 것이라면 더 좋지요.

이를테면 이런 거예요. 결과 해석에 '구체적으로 실행 계획을 세워 수행한다'는 표현에 공감이 되었다고 봅시다. 그럼 자신이 목표하는 바를 이루기 위한 계획을 구체적으로 짜봤던 경험을 떠올려보는 것이죠. 가능한 한 최근 3년 이내보요.

마구 떠오르세요? 그래요 그럼 자신의 성향에 맞게 자기 계발을 계속 해나가고 있는 셈인 거예요. 그런데 없다고요? 본인이 좋아한다고 선택한 결과가 나타난 것이니 그럼 그와 관련된 일을 해보세요. 혼자 해볼 수 있는 일이든 다른 사람과 함께 해보는 대내외활동이든 무엇이든지요. 그런 과정에서 정말 자신이 그러한 사람인지를 알 수도 있고 해당 그 성향을 더 강화해나갈 수도 있지요.

진로탐색에 있어서 성격유형검사는 자신에게 맞는 일을 찾아가기 위한 수단으로 활용되곤 해요. 그런데 자신 혼자만 '그래 나는 추진력 있지, 공감능력이 좋지'하고 생각만 해서는 타인은 여러분을 알 수가 없어요. 그러니 경험으로 증명해낼 수 있어야 하는 것이죠. 자신의 구체적인 실행력을 계속 검증해나가는 경험을 통해서 강점을 더 계발해나갈 수 있고, 그 과정에서 향후 진로와도 연결지어볼 수 있는 것이죠.

약점이나 보완사항에 대해 공감가기도 하죠? 하지만 강점보다 먼저 살피지 마세요. 물론 취약한 점을 극복해나가는 방법은 필요하지만 초반부에는 권하지 않는 편이에요. 자신의 약점 때문에 강점에 대해 더 겸손해지게 되니깐요. 경험을 하다보면 실제 본인의 취약점이 드러나기도 하지만 강점 덕분에 취약점이 별 것 아닌 것으로 묻힐 수도 있어요. 그러니 스스로의 멋지고 이쁜 모습부터 주목하세요. 이 작업을 하다 보면 자신도 몰랐던 매력을 많이 찾게 될 거에요.

셀프체크 둘, 공감가지 않는 부분 밑줄 긋기
반대의 경우로 생각따라가기

점쟁이도 틀린 말을 할 때가 있는데, 검사결과를 보면 '난 안 그런데'

싶은 부분도 있지요? 그것도 그냥 지나치지 말고 살펴야 합니다. 이제 다른 색 펜을 꺼내고 밑줄을 긋습니다.

'나는 미래지향적이지만 두루뭉술한 비전보다는 구체적인 것이 더 좋은데 이건 좀······'이라고 해석에서 수용되지 않는 부분이 있다면, 미래지향적이라고 생각하는 경험, 그리고 두루뭉술한 비전으로 어려움을 겪었던 적 그리고 구체적이어서 좋았던 경험 등을 정리해보는 것입니다. 앞서 공감되는 부분에서 발견하는 것과 비슷하게 증명할만한 경험이 있는지 없는지 탐색해봅니다. 그러다가 조금 다른 것을 발견하게 됩니다. 표현의 차이 말입니다. 무슨 말이냐면 미래지향적이라는 말과 관련된 경험이 꼭 두루뭉술한 비전(예: 행복한 삶)과 일치하지 않을 수도 있다는 것이죠. 5년 이후의 계획을 짜는 데 있어서 명확하게 '행복한 삶' 이렇게 비전을 짜진 않지만, 5년을 좀더 세부적인 단기 계획으로 짜보면 그 흐름이 자신이 원하는 '행복'과 비슷한 방향으로 세우고 있다는 것을 확인할 수 있거든요.

아, 옆에서 함께 대화하고 싶은데, 이게 말로 전달이 되나 모르겠습니다. 흠흠. 다시 정리하자면, 수용되지 않는 표현은 그 자체로 아니라고 단정짓지 말고, 왜 아니라고 생각하는지 혹은 그 반대표현으로 생각해보면서 그렇게 생각했을 때는 맞는지 정리해보아야 합니다.

이 방법이 어렵다면 이렇게도 해보세요. 바로 반대지표로 접근하는 것이지요. 에너지 방향이 'I'로 나왔지만 수긍하기 어렵다면 반대지표인 'E'에 대한 해석을 살펴보세요. 이를테면 ESTJ 대신 ISTJ에 해당하는 설명을 보라는 거죠. 각 지표는 반대적 성향을 띠기는 하지만 4가지 지표가 상호적인 관계를 맺기 때문에 시너지를 내어 다른 특장점을 발휘하기도 합니다. 그렇기 때문에 각 지표의 반대로 보고 새로 조합된 지표의 해석도 보라는 말씀입니다.

이것도 사례이니 꼭 여러분의 결과지로 여러분의 사례를 정리해보면서 새롭게 발견해나가길 바랍니다.

셀프체크 셋, 진로와 연결짓기
좋아하는 것과 잘 하는 것

결과지를 통해 공감가는 부분과 그렇지 않은 부분을 살펴보면서 자신에 대해 좀더 깊게 이해하는 시간 꼭꼭꼭 가지세요! 그러면 정말 '아내가 말로만 그런 사람이라 말했나' 싶은 반성도 올라올 수 있답니다. 그래도 괜찮아요. 이제부터 시작하면 됩니다.

자, 그럼 '뭘 시작하나'가 될 텐데요. 좋아하는 것부터 시작하세요. 재밌어보이고 좋아하는 것부터 시작하면 잘하고 싶어집니다. 누가 시켜서 하는 게임이 아니라 자신이 게임을 좋아한다면 더 잘하기 위해서 나름 머리를 쓰기 시작하게 되는 건 당연하니깐요. 그러니 대내외활동 중에서도 재밌어보이는 것부터 골라보세요.

캠퍼스에도 대면의 변화가 일어나고 있어 동아리도 슬슬 움직이는 것 같아요. 관심 있는 동아리를 찾아보세요. 동아리 목록은 대부분 학교 홈페이지 메인 대학 생활 하위 메뉴에 있는 경우가 많습니다. 그간 코로나로 인하여 활동이 중지된 경우가 있기도 하겠지만 흥미로운 주제가 있다면 우선 문의해보세요. 아니면 관련 SNS채널을 활용하여 찾아보세요. 학교를 벗어나고 싶다면 대학간 연합동아리나 대외활동 목록을 찾아보세요. 거기서도 딱히 보이지 않는다, 싶으면 혼자 해보셔도 됩니다. 누가 시키지 않아도 시간을 보내는 그 활동을 제. 대. 로! 해보세요.

그 활동을 찾아서 해보면, 여러분의 성격유형에서 말하는 좋은 면들이 발휘될 수 있을 거예요. 그리고 그것을 기반으로 여러분의 대학생활이 좀더 풍요로워질 수도 있고요. 그간 밋밋했잖아요. 그러니 좀 재밌게 다시 지내보는 건 어때요.

이렇게 좋아하는 것을 좇아 잘하게 되면 어떤 일을 하게 될지도 생각해볼 수 있습니다. 여기까지 쭉욱 읽어보면 이공계와는 상관없게 느껴지겠죠? 그렇지 않아요. 같은 이공계 전공자라도 같은 사람 하나 없습니다. 전공관련 경험이 아니어도 자신의 차별성을 드러낼 수 있는 경험이 하나도 없는 게 문제입니다. 게임을 엄청 잘 하던 화학계열 학생도 자기 전공 살려 취업했습니다.

마지막으로 저는 ISFJ입니다.

제2장

2학년
다른 걸 해도 될까요?

휴학할까요?

요즘 같은 상황에서는 코로나로 인해 심신이 많이 지쳐 있는 건 아닌지 모르겠습니다. 점진적인 일상으로의 회복을 위해 '위드 코로나'로 가는 분위기인 듯해요. 함께 하고 싶지 않은 이 지긋지긋한 바이러스는 여러분의 생활에도 많은 영향을 미쳤으리라 생각합니다. 코로나 이전이나 이후에도 학기 중에는 다들 마음이 바쁘지요. 수업에 과제에 시험까지 하루하루가 딱히 뭘 하지 않는데 금방 지나가고 있다는 생각이 들 수도 있을 거예요. 다른 친구는 안 그런데 자신만 그런다고 생각하며 자책하진 않았나요? 다행인지 불행인지 다수의 학생이 비슷한 일상을 보내고 있답니다. 여러분만 그런 게 아니랍니다. 그러니 괜찮아요.

그러다 보면 뭔가 쉼이 필요하다고 생각하게 되지요. 자연스럽게 휴학을 생각하기도 하고. 어떤 경우에는 바로 졸업으로 가기보다는 뭔가 다른 경험을 위해서 휴학을 생각하기도 하지요. 군 휴학 이외에 일반 휴학은 다양한 이유로 선택하는 경우가 많으니까요. 여러분은 어떤 이유로 휴학을 생각하게 되었나요.

휴학을 대하는 마음가짐

어떤 이유로든 휴학을 마음에 두고 있다면 학기가 다 끝나고 나서 '휴학' 동안 뭐 해볼까 하는 생각만은 하지 않길 바랍니다. 그랬다가는 휴학의 초반 시간을 생각만으로 어영부영 보내다 결국 휴학 기간 내에 별 성과 없이 돌아와 후회하는 경우를 많이 봐왔거든요. 그리고 휴학 기간에 전문자격시험을 준비하는 것이 아니라면 단순자격증 취득을 위한 시간으로만 할애하지 않길 바랍니다. 휴학은 여러분이 관리할 수 있는 24시간이 오롯이 주어지는 셈이에요. 자격증은 학기 중에도 딸 수 있답니다. 영어시험도 마찬가지고요. 그러니 냉철하게 생각해봐야 해요. 정말 내가 시간이 없어서였는지 제대로 시간 관리가 안 되어서 그랬던 것인지 말이에요. 그렇기 때문에 진짜 휴학하겠다면 학기 중에 수업이나 과제로 인해 시간을 충분히 쏟지 못해서 할 수 없었던 어떤 경험을 해보기를 권유해 드립니다.

휴학은 정지가 아닌 일시 정지 버튼이랍니다. 여러분의 대학 생활이 하나의 플레이라고 했을 때 휴학은 일시 정지의 성격이어야 한답니다. 다시 복학했을 때도 여러분의 대학 생활은 다시 플레이되어야 하니깐 말이에요. 그러니 휴학의 경험이 여러분에게 피가 되고 살이 되어야 해요. 그래서 그 기간으로 인해 대학 생활을 더 풍성하게 만드는 계기가 되어야 하는 것이죠. 그래야만 복학했을 때 여러분이 후회하지 않을 수 있답니다. 잊지 말길 바랍니다. 휴학은 일시 정지 버튼이에요.

그러니 여러분이 복학했을 때 휴학의 경험이 여러분에게 생기를 불러일으킬 수 있어야 하고 뭔가에 집중하거나 도전하게 하는 계기가 되어야 한다는 의미랍니다. 일반 휴학 이외 군 휴학도 비슷하게 활용해볼 수 있지요. 예전 군 휴학의 경우가 사실 제약이 많았기 때문에 아무것도 못하고 보내는 시기라는 생각에 모두가 부정적으로 생각한 휴학 기간이었긴 했지요. 하지만 최근에 병역문화가 많이 바뀌고 그러다 보니 일정도 고려하여 엇학기가 되지 않게 한다든가 군대 기간 포함해서 자격증을 취득하는 일도 심심치 않게 보이는 것 같더라고요. 의미 있는 변화라고 생각해요. 아직 군대를 다녀오기 전이리면 그 시기를 어떻게 보낼 수 있을지도 한번 생각해보는 것도 좋을 듯합니다.

휴학했을 때 무엇을 할까?

휴학을 고민하는 여러분과 같은 학생들은 이런 질문도 연이어서 하곤 하지요. 그럼 뭘 하면 좋을까요? 개개인의 상황에 따라 추천해주는 것들이 천차만별이긴 하지만 이렇게 정리해볼 수는 있을 것 같아요.

"안 해봤던 것을 해봐요, 함께 할 수 있는 일을 해봐요, 어른(사회인)들과 대화나눌 기회를 가져봐요"라고 말이에요. 위의 말로도 여러분이 충분히 감을 잡을 수 있을 것도 같아요.

휴학 관련 질문하니 혹 여러분도 이럴까요? 6개월 할까요? 1년 할까요? 하고 물어보고 싶어지나요? 휴학 기간 콘텐츠에 따라 달라질 수 있어요. 무엇을 하느냐에 따라 그 기간이 길어도 의미가 있을 수 있는 거거든요. 하지만 이런 건 고려해야 한답니다. 학기마다 개설되는 필수과목들이 있어요. 엇학기로 했을 때 해당 과목을 듣지 못하는 경우가 있는지 어떤지에 대해서 학과 사무실이나 학사 관련 부서에 꼭 확인해보길 바랍니다.

휴학, 쉽게 생각할 수도 있지만 일시정지가 무리 없이 플레이로 이어지려면 좀더 고민해보길 바랍니다. 다른 나라 청년들은 고등학교가 끝나고 자신의 진로에 대해 고민하는 갭이어라는 기간을 갖는다고 합니다. 우리는 상황상 그렇게 하기 어렵지만, 휴학이 또다른 갭이어로 활용될 수 있지 않을까요. 국내에도 이러한 생각으로 갭이어라는 프로 그램을 제공하는 곳도 있기도 합니다. 생각만으로는 정리가 안 된다면 꼭 글이든 그림이든 적어보면서 정리해보길 바랍니다. 이렇게 고민하 고 해결하기 위해 노력하고 있는 여러분이라면 할 수 있어요!

하고 싶은 것이 많다 VS 하고 싶은 것이 없다

많은 학생이 진로 고민을 가지고 올 때 하는 이야기 중 하나는 바로 좋아하는 일이 없다는 것입니다. 이런 말이 위로가 될지 모르겠지만 그 일이 정말 좋은지는 하기 전에는 다들 잘 몰라요. 심지어 정말 좋아하는 일이라 생각했던 것도 싫어지기도 하는걸요.

이번에는 '좋아하는 일'을 찾는 방법을 이야기해볼까 싶습니다.

가끔 하고 싶은 게 많아서 고민이라는 학생들도 있습니다. 좋아하는 게 없는 학생 입장에서는 정말 배부른 고민이라고 볼 수 있지만 그것도 딱 그런 것만은 아니에요. 왜 그런지에 대해 하고 싶은 게 많은, 좋아하는 게 많은 경우부터 우선 짚어볼까요.

좋아하는 것이 많아서 고민
어디까지 해봤는지, 그것들의 연결고리는 있는지

일이라는 것은 한 번에 한 가지 일만 하게 되어 있지 않습니다. 영업 관리직이라고 맨날 매출액 현황 파악만 하고 있을까요. 개발자라고 수천 줄의 코딩만 하면 끝일까요. 직무 담당자에게 주어진 일의 영역은 생각보다 범위가 상당히 넓답니다. 그리고 조직 생활을 하는 데에 있어서 주 업무 이외에 부수적으로 해야 할 역할을 주기도 합니다. 이런 경우도 있지요. 기업 내에서 개발된 기술로 박람회에 참여하게 되었다고 하면, 주담당자로서 행사를 준비하는 사람도 있겠지만 엔지니어들도 박람회장 내에서 기술적인 지원을 위해 안내를 맡아 진행하기도 합니다. 전혀 다른 일을 하게 될 수도 있단 의미입니다.

다시 얘기로 돌아와서, 그렇기 때문에 좋아하는 것이, 하고 싶은 것이 많다면 그것을 잘 관리해나가는 것이 필요합니다. 그런데 좋아하는 것이 많은 학생의 이야기를 들어보면 그 좋아하는 것들을 일로써 제대로 해본 경험이 있는 것은 아니었습니다. 대부분의 경험이 소비자로서 해당 콘텐츠나 제품, 서비스를 소비하는 과정에서 즐거운 것이죠. 그것을 좋아하는 '일'로 잘못 생각하는 경우가 있더라고요. 여행을 좋아한다고 다 관광업에 종사하는 것은 아닐 테니까 말입니다. 그래서 좋아하는 것이 많아서 고민인 학생의 경우라면, 그 좋아하는 것들을 적어보세요. 그리고 그것을 뭔가 생산적인 결과를 만들어내는 일로써 경험해보시길 바랍니다. 그러면 그것들의 가짓수가 정리될 수 있을 것입니다.

또 하나는 그 좋아하는 것들을 명사 형태로 보지 말고 동사 형태로 풀어서 적어보세요. 그리고 그 동사들끼리의 연관성이 있는지 살펴보세요. 이를테면 내가 공연도 좋아하고 기사 쓰는 것도 좋아하고 패션도 좋아한다고 했을 때 각각의 공연, 기사 쓰기, 패션의 어떤 행동을 좋아하는지 말입니다. 명사 형태로만 생각하면 공연을 좋아하니 배우, 기사 쓰기를 좋아하니 기자, 패션을 좋아하니 패션디자이너라는 단순식이 성립될 뿐이기 때문입니다. 공연을 좋아해도 보는 것을 좋아할 수도 있고 노래나 무대에 대해 혹은 희곡에 대해 혹은 어떤 이야기에 관해 관심을 두고 있는 것일 수도 있지요. 창작뮤지컬을 좋아해서 새로운 작품을 찾아내는 것을 좋아할 수도 있고요. 공연을 좋아한다는 말로는 사실 너무 포괄적으로 담고 있어요. 물론 어쩌면 그냥 좋아하는 것이지 굳이 일로 하지 않을 수도 있죠.

한편으로, 앞의 사례를 계속 이어보자면, 기자가 되고 싶다면 문화부 기자도 있고 패션잡지사 기자가 될 수도 있다는 의미입니다. 특화된 언론사나 잡지사도 있지만 다양한 주제별 꼭지를 가져가니깐요. 어쩌면 콘텐츠 제작 기업이나 일반 서비스 기업에서 홍보팀으로서 기사를 작성하는 일을 할 수도 있답니다. 그러니 좋아하는 것들을 통해 내가 어떠한 명사 형태로 일을 국한하지 말고 어떠한 활동이나 행위에 관해 관심을 두고 즐겨하는지를 보세요. 그것들이 연결되는 점은 없을까 생각해보시고, 반대로 한 직업이 어떤 다양한 세부 직무들로 구성되어 있는지에 대해서 알아보는 것도 방법일 수도 있겠지요.

좋아하는 게 많은 여러분, 여러분이 좋아하는 그것을 제대로 파보면 더 재밌지 않을까요? 그러면 분명한 길이 보이게 될 것입니다.

좋아하는 것이 없어서 고민
스마트폰 탐색하기, 남들보다 쉬운 일 찾아보기

그간 20여 년간 살아오면서 여러분은 자의든 타의든 어떤 행동을 하고 있답니다. 그렇기 때문에 진로 워크숍을 진행하면 유청소년기 때로 거슬러 올라가 좋아했던 것, 칭찬받았던 것, 싫어했던 것까지 떠올리게 하는 경우가 많은 것이랍니다. 거기서부터 실마리를 찾아보라고요.

요즘엔 전 워크숍 때 꼭 해보는 것이 있습니다. 바로 스마트폰을 들여다보는 것입니다. 맘이 통하는 친구들끼리 만나 스마트폰을 본다고 해도 바탕화면은 한 명도 같지 않을 것입니다. 여러분의 현재 취향과 관심사를 가장 많이 반영하는 곳이 스마트폰 세계라는 점은 부인할수가 없습니다. 바탕화면에 나와 있는 앱 서비스가 무엇인지도 좋고 사용량을 확인하여 주로 어떤 앱을 장시간 이용하는지도 확인해볼 수 있겠습니다. 그게 여러분이 요즘 좋아하는 것일 수도 있으니깐요.

자주 사용하는 앱 서비스를 정말 소비자로서 사용할 수도 있습니다. 그러니 앞서 말씀드린 것처럼 단순 명사 형태로 보지 마시고 동사 형태로 풀어서 정리해보세요. 게임을 자주 한다고 게이머가 되라는 것도 아니고 SNS를 자주 쓴다고 콘텐츠 크리에이터가 되라 것이 아닙니다. 게임을 즐겨한다고 했을 때, 순수한 유저의 입장에서 벗어나 자신의 진로와 연결 지어서 생각해본다고 하면 그 산업에 대한 관심으로 풀어볼 수 있습니다. 이 서비스가 소비자에게 오기까지 얼마나 많은 사람을 거쳐야 했을까를 생각해보는 것입니다.

영화 한 편이 끝나면 끝날 것 같지 않을 듯 올라가는 엔딩크레딧을 본 적이 있지요? 배우와 현장 스텝뿐만 아니라 제작과 배급에 관련된 사람들 그리고 음악, CG와 같은 후반 작업, 홍보, 마케팅 등 단순하지 않다는 것을 알 수 있습니다. 스마트폰은 또 어떻고요. 만드는 데에만 수많은 부품이 얽혀 있고 신제품으로 나오기까지 수많은 기술적 절차는 물론 대외적으로 홍보하는 사람들도 있답니다.

SNS 채널을 자주 확인한다고요? 그렇다면 여러분이 팔로우하고 있는 콘텐츠를 확인해보세요. 그 콘텐츠를 왜 계속 보고 싶은지를 생각해보면 그 시작을 발견할 수도 있어요. 이 역시도 방법일 뿐이지 재미로 보는 심리테스트를 좋아한다고 심리테스트 제작기업에 취업해야 하나, 이렇게 단순화하면 안 됩니다. 앞서 말씀드리는 건 모두 하나의 방법임을 잊지 마세요.

좋아하는 일은 멀리 있지 않은 경우가 많습니다. 그동안 시간과 돈을 들여 했던 소소한 일들에 대해 탐색을 해보세요. 누가 굳이 시키지 않았지만, 길냥이들을 돌보는 학생이 있었습니다. 혼자 하기에는 캠퍼스 곳곳에 있는 길냥이들을 관리하기 어렵다 생각이 들어 정식 동아리를 만들기도 했습니다. 그렇다고 그 친구에게 너 고양이와 관련된 일을 해보지 않겠니 하지 않습니다. 그와 같은 친구는 사회복지 사업을 진행하는 재단 쪽이나 일반 기업에서의 사회적 공헌과 관련된 일로 방향을 잡아나갈 수 있겠지요.

또 하나 여러분이 쉽게 처리하는 일에서도 찾아볼 수 있습니다. 자신은 쉽게 처리하는데 다른 친구들은 전전긍긍하는 일들이 있을까요? 자신은 잘하는 일이라고 생각하지 않았지만 그저 쉽게 했던 일 말이에요. 이를테면 팀 프로젝트 때 발표는 어려움 없이 한다든지 하는 거죠. 다른 친구들은 대부분 피하려고 하는데 그런 일이요. 혹 그런 일이 있다면 자신은 그냥 쉽게 하는 그 일을 잘해보도록 경험을 더 만들어가는 것도 방법입니다. 대학 연합 발표동아리에 들어갈 수도 있고 공모전이나 대외활동을 통해서 발표 경험을 쌓을 수도 있고 좀 더 전문적으로 스피치 교육을 받을 수도 있지요. 그래서 아나운서가 되느냐고요? 그럴 수도 있죠. 요즘은 꼭 공중파 방송사만 있는 건 아니니깐요. 아니면 프레젠테이션 전문 강사가 될 수도 있고요. 이 역시 명사 형태의 직업만 떠올리지 마시고 발표를 계속해야 하는 어떤 일이 무엇이 있을까 하는 생각도 할 수 있겠지요. 사실 개발자들도 발표를 빈번하게 한답니다. 이처럼 쉽게 처리하는 일에서 시작해서 진로를 찾아나갈 수 있는 시작점을 발견해볼 수 있습니다.

저학년 편_학점이 낮은데 어쩌죠?

　남학생들의 경우 군 휴학 후 복학하면 한숨부터 쉬는 경우가 많지요. 아무래도 1학년 때 학점관리를 해두지 않은 걱정이 이제 몰려오기 때문이지 않을까 싶어요. 또 어떤 경우에는 전공에 관심이 없다가 취업을 위해 요구조건을 맞추기 위해 하기도 하고요. 그런데 학점만 복구하려다 오히려 여러 가지를 놓치는 경우를 많이 봤어요.

　1학년 때 성적을 등한시하는 이유에 대해서는 여러 가지가 있겠지만 단순히 놀고 싶어서만은 아닌 듯합니다. 물론 그 이유도 있겠지만 중등교육 과정의 변화로 인하여 전공기초에 해당하는 과목을 배우지 않고 오는 경우가 많아서 말 그대로 '멘붕'인 경우가 많이 차지하고 있는 것 같습니다. 인문 사회계열에 비해 이공계열의 경우 선택하지 않았던 물리/화학/생물/화학을 비롯하여 공학수학을 접하며 어려움을 겪는 경우들이 있다고 들었습니다. 다행히도 최근 대학마다 입학 전 전공기초 과목을 특강이나, 전공으로 들어가기 전 기초가 약한 고학년을 위해 별도의 교육을 제공하기도 합니다. 혹 학교에서 그러한 전공 과목을 개설해주지 않는다면 무료 강의들이 있으니 확인하기 바랍니다.

혹 학교에서 운영하는 시기와 맞지 않았다면 KOCW를 활용해보세요. 고등교육 교수학습자료 공동 활용 체제, KOCW(Korea OpenCourseWare)는 국내외 대학 및 기관에서 자발적으로 공개한 강의 동영상, 강의자료를 무료로 제공하는 서비스로, 대학생, 교수자는 물론 배움을 필요로 하는 누구든지 언제 어디서나 이용 가능합니다. (사이트 내 소개 중에서) 이 사이트 내 '대학기초강의' 테마를 선택하시면 계열별 강의를 수강하실 수 있습니다. 세상이 다 여러분을 돕고 있답니다.

그리고 진로를 한 번쯤 고민하고 접근하세요. 왜냐하면 2, 3학년 때쯤 되면 전공 심화로 들어가는 경우가 많은데 1학년 때 전공기초강의를 재수강하겠다면 방향에 따라 좀 더 집중해야 할 것들을 선택해볼 수도 있으니깐요. 무작정 C학점 이하는 다 다시 듣자는 접근은 폭망의 길이라 생각합니다. 그때도 그러했는데 지금도 그것을 왜 해야 하는지를 모르고 덤비는 셈이니깐요. 이러한 전공과의 연계에 대해서는 선배를 통해 얻는 정보가 중요합니다. 그간 대면할 기회가 많지 않았던 코로나 시기라 선배들의 존재를 느끼기가 참 쉽지 않았으리라 생각합니다. 가장 쉽게 접할 수 있는 선배는 학생회 선배입니다. 학생회는 학과를 위해 봉사하겠다는 의지를 가지고 선배들이 꾸리고 재학생들을 지원하는 조직이기 때문에 여러분의 목소리에 귀 기울여줍니다. 그러니 SNS 채널을 통해 학습과 관련된 도움을 받아보고 싶다고 메시지를 보내보면 어떨까요? 아마 그들도 다 비슷한 경험을 겪어왔던 터라 도움을 줄 수 있을 겁니다. 아, 그리고 학교마다 차이는 있겠지만 재수강 시에는 학점이 어느 이상은 안 되는 경우도 있으니 참고하시고요.

학습법 자체에 대한 고민이 있거나 도움이 필요한 학생들은 교수학습개발센터(학교별로 명칭이 상이할 수 있음)에서 컨설팅을 받아보세요. 고등학교 때와는 달리 좀 더 넓게 배우다 보니 더 어렵게 느껴지는 경우가 있어요. 학교에서 도움을 받아 관련 프로그램에서 점검받아보면서 극복한 학생들이 많더라고요.

진로라는 측면을 좀 더 언급하자면 해당 전공으로 진출하고 싶은 산업과 기업에 대한 관심을 높여 관련된 활동을 찾아보길 권합니다. 이공계도 대외활동이냐고요. 그럼요. 물론 시간의 부족을 모르는 바 아니지만, 나중에 학점만 가지고는 승부수를 던질 수 없다는 점을 기억하세요. 인문 사회계열은 전공 진출 분야뿐만 아니라 직무 관련분야로 접근해보면 더 좋습니다. 자신의 전공으로 진출분야는 워낙에 다양할 수 있지만 직무로는 경영지원(재무회계, 인사, 기획 등), 영업마케팅로 크게 나눠 생각해볼 수 있어요. 각 직무마다 요구하는 역량은 다를 수 있으니 그 역량을 증명해보일 수 있는 활동을 찾아보는 것이지요. 그리고 그 직무를 할 수 있는 관심 산업으로 추려나가면 좀더 구체화될 수 있을 것입니다. 그렇게 탐색하다보면 재수강해서 보완해야 하는 과목이 눈에 들어오기도 할 것입니다.

2, 3학년의 경우라면 저는 현재 학기에서 수강해야 하는 과목에 더 충실히 하라고 말씀드리고 싶어요. 어차피 전공기초 과목들이 선행되어야 하는데 한 학기에 기초와 심화를 동시에 들으면 교육과정의 진행 속도가 같이 전개되니 둘 다 망할 수 있습니다. 해당 학기 과목에 충실하면서 학교에서 제공하는 기초과정을 이수하거나 앞서 소개해드린 사이트를 통해 도움받으세요. 요즘 학교에서는 전공 튜터링 제도가 있어 선배들에게 도움을 받을 수 있는 경우도 있으니 학과사무실로 문의해보시고요.

학점이 점점 상승곡선을 이루는 것은 의미가 있습니다. 목표를 가지고 전진해나가길 바랍니다. 정량적으로 취업에 유리한 학점 선이 또 궁금하겠지만 3점도 붙고 4점도 떨어지는 경우가 있답니다. 그러니 본인이 학점을 높이는 목표를 세우는 동시에 자신이 이 전공으로 무엇을 할 것인가가 선행이 되어야 합니다. 그렇게 된다면 학점뿐만 아니라 자신이 하고자 하는 일을 위해 자신이 어떤 경험으로 살을 더 붙

여나가야 할 것인가에 대한 계획도 함께 세워볼 수 있지 않을까 싶어요.

하고 싶은 게 많은 학생이야 잘 정리하면 되겠지만, 하고 싶은 게 없는 학생들은 전공도 남의 일인 것 같다는 생각을 할 수도 있겠습니다. 그런데 뒤늦게 하고 싶은 일이 생겨났을 때 학점이 발목을 잡을 수 있습니다. 그러니 우선 기본만이라도 하세요. 대학생활 혹은 전공에 대해 관심이 없는 학생들은 작은 경험을 확장해나가기 바랍니다. 그것이 꼭 취업의 방향이 아니어도 말입니다. 그렇게 시작된 여러분의 경험이 확장될수록 선택지가 넓어진답니다. 그게 전공으로 가든 아니든 말이죠.

전공으로 어디에 취업할 수 있나요?

　성적이 나오지 않는다고 전공과 맞지 않는 건 아니랍니다. 성적을 결정짓는 요소는 다양하니까요. 그러니 성적만으로 전공으로의 사회 진출을 접어버리는 건 좋은 탐색 방법이 아니랍니다. 전공을 살려서 진출하는 경우를 어느 정도 탐색해봤을까요. 이 경우는 전공별로 따지자면 사례가 너무나 광범위하긴 하답니다. 그렇기 때문에 탐색하는 방법으로 알려줄까 싶어요.

　일차적으로 학과 소개란을 확인해보세요. 입학 때 한 번 정도 들어가 봤을까요? 그 이후에는 잘 들여다보지 않는 페이지이긴 하지요. 하지만 학과에서는 학과를 구성할 때 그에 맞는 교육목표와 과정 그리고 사회진출에 대한 방향을 고려하여 제시하고 있기 때문에 해당 전공을 이해하는 데에 중요한 기준점이 되지요. 저학년이라면 학년별 커리큘럼을 확인해보세요. 학교에 따라서는 학과 로드맵을 제시하여 사회진출을 위해 수강해야 하는 과목을 친절하게 카테고리로 묶어 시각화하는 경우도 있습니다. 이런 것들을 확인하면 1학년 때의 전공기초가 이후에 어떤 상관성이 있는지 전공 관련 과목을 언제쯤 수강하게 되는지 진출 분야에 따라 강의명이 어떻게 달라지는지 알 수 있답니다. 다소 모호했던 학기 중 전공의 흐름을 알 수 있게 되는 것이죠. 클릭 몇 번이면 알 수 있으니깐 해볼 만하죠?

교수소개 활용법

학과 홈페이지에서 또 하나 확인할 수 있는 것은 교수소개 부분입니다. 전공으로 사회진출 방향을 알아보는데 왜 교수인가 싶지요? 학부생이 배우는 전공수업은 해당 전공 분야를 가장 넓게 이해하게끔 구성되어 있다고 보면 된답니다. 그러다 보니 개론적인 접근이 이루어지기도 해서 '내가 무엇을 배우고 있는 건가, 이것이 어떻게 일로 연결되나' 모호하게 느껴지는 부분이 있을 거예요. 그러니 교수 소개로 확인해보는 것이 필요하답니다.

정확하게는 교수님들의 세부 전공에 대한 확인이지요. 교수가 되라는 의미가 아니에요. 교수님들의 세부 전공 분야가 결국 여러분이 사회 진출하는 분야와 맞닿아있다는 의미에요. 이를테면 전자공학과라 하더라도 그 안에서 디스플레이, 제어, 신호처리, 영상처리, 임베디드 시스템 등 교수님들의 세부 전공과 관련된 다양한 이력을 확인할 수 있습니다. 결국 전자공학과가 취업할 수 있는 기업, 나아가 일할 수 있는 산업 범위라 볼 수 있지요. 그러니 같은 전자공학과 출신 전공생이라 하더라도 사회진출 방향이 달라지는 거지요.

선배활용법

여기서 더 나아가 좀 더 적극적인 방법은 선배 찾기입니다. 사실 전공명이나 수강과목명으로는 실체가 모호할 수 있지요. 학교마다 제공되는 정보의 방식은 제각기일 텐데, 대부분 전공별 사회 진출한 선배들의 재직기업명에 대해 정리된 경우가 있답니다. 학과 사무실 혹은 취업관련 부서에 연락하여 전공 분야로 진출 가능한 대표기업에 재직 중인 선배와 멘토링으로 연결 가능한지 문의해보세요. 요즘은 많은 졸업생이 후배들을 위해 시간을 내어주는 경우가 많기 때문에 연결되는 것이 어렵지 않습니다. 밑져야 본전이니 안 해볼 이유는 없지요. 그럼 해당 선배와의 연락을 통해 그 일이 어떠한지 어떻게 준비해야 하는지 등에 대해 잘 알 수 있게 되지요. 다른 현직자보다는 재학 중인 학교 상황을 잘 이해하는 선배일 경우 여러 팁도 얻을 수 있는 건 덤이죠. 일대일 연락이 부담스럽다면 멘토링 프로그램에 참여해보는 것도 방법입니다. 각 학교마다 멘토링을 다양한 방식으로 제공하고 있으니 취업 지원 부서에 행사 문의를 하는 것도 좋습니다.

주의해야 할 것은 개인의 경험이기 때문에 단순하게 일반화하는 태도는 경계하길 바랍니다. 취업이 되는 사례는 너무나 다양하고 한 사람의 경험만으로는 단정 짓기 어렵거든요. 게다가 선배가 취업한 시점과 여러분이 준비하는 시점에서의 채용시장의 변화도 무시할 수 없기도 하고요. 또 전화해서 문의할 때는 찾고자 하는 재직 선배의 기업명을 정확하게 말하는 것이 필요합니다. '선배들이 어디 갔어요?' 하는 질문보다는 '우리 전공으로 어느 기업에 간 선배와 멘토링으로 연결되나요?' 하는 것이 명확하지요. 해당 기업에 재직 중인 선배 정보가 있다 하더라도 멘토링 의사가 없는 졸업생도 있을 수 있기 때문입니다. 여러분이 원하는 정보를 정확하게 확인하고 질문하는 것이 원하는 것을 얻을 확률이 높겠지요.

이렇게 그 방향을 선도하고 있는 기업을 탐색하고 직무가 무엇인지 알아보고 거기에 또 우리 선배가 재직 중인지를 문의하는 과정을 거치다 보면 본인이 이 전공으로 사회진출을 할지 말지가 좀 더 명확해질 수 있어요.

어때요, 해볼 만하지 않나요? 적어도 이만큼은 알아보고 접는다고 해도 늦지 않아요. 그렇다고 무턱대고 전공을 놓아버리지 마세요. 어느 순간 정신을 차리고 뭐라도 해야지 마음먹은 순간 엉망진창이 된 전공학점을 보았을 땐 의욕이 꺾일 수 있기 때문이에요. 물론 방법은 찾아볼 수 있어요. 여러분이 지금 그런 순간이라 하더라도 할 수 있어요!

인문·상경계 학생들에 비해 이공계 학생들은 전공과 다른 선택에 대해 생각조차 하지 않는 경우가 많더라고요. 전공 자체가 사회진출과 연관성이 높을 수 있지요. 그런데 앞서 말한 것처럼 같은 전공생이어도 다양한 산업으로 진출할 수 있는데도 잘 알지 못한 채 더더욱 시야가 좁아지는 경우가 많더라고요.

많은 학생이 전공과 맞는지조차 탐색하지 못한 채 그냥 다들 하는 대로 지원하기도 하고, 취업 실패 기간이 길어지는 과정에서 자신에게 맞는 것을 발견하여도 그때 가서는 관련된 경험을 연결해나가기가 또 쉽지 않아 어려움을 겪는 경우를 보게 되기도 합니다. 물론 조금 돌아가더라도 결국 원하는 방향으로 갈 수 있지요. 그런데 이 글을 읽는 여러분이 저학년이라면 그런 시행착오를 겪기 전에 미리 탐색해보길 권합니다. 그래야 가고자 하는 길을 잘 준비해나갈 수 있고, 또는 가지 않은 길에 대해 후회가 덜 생기거든요. 제대로 살펴보지도 않은 채 다른 길로 갔을 때 그리고 그 선택이 좋은 결과로 이어지지 않았을 땐 후회가 클 수밖에 없답니다. 그러니 전공과 다른 선택을 하기 전에 최대한 알아볼 수 있는 만큼 알아보길 바랍니다.

제3장

3학년
무엇을 하면 좋을까요

편입한 학생들에게

편입하고 기분 좋은 설렘이 가득한 시기입니다. 그런데 편입한 학생들이 가져오는 질문 중 많은 학생이 이같이 묻습니다.

"편입이 취업에 불리할까요?"
아니요. 아닙니다. 아니라고 말해드립니다.

편입생인 여러분이 취업준비생이 되어 최종 면접에서 떨어졌다면 편입생이라서가 아니라 준비가 안 된 것일 뿐입니다. 일반 신입학 졸업생도 준비가 안 되면 떨어지듯이 그냥 준비가 덜 된 것뿐입니다. 알고 지냈던 편입생들이 다 떨어지는 것 같으니 편입생이라 떨어지는 것으로 생각할 수 있고, 어쩌면 면접 상황에서 편입에 관한 질문을 받았기 때문에 그렇다고 생각할 수 있습니다. 그렇지 않아요. 이제 막 편입해서 새로운 생활을 시작한 여러분, 귀담아듣지 마세요!

왜 면접에서 편입에 대해 질문을 할까

그래도 편입에 대한 편견이 왜 있을지에 대해 생각해보면 좋을 듯해요. 편입을 했다는 것은 전적 대학이 졸업학교보다 다소 부족한 부분이 있는 곳이겠지요? 그것은 우리의 수능 체계로 보면 학창 시절 상대적으로 공부를 좀 덜 했다는 의미일 수도 있겠구요. 그러면 혹자는 기초가 좀 약한가 하는 의심도 들겠죠. 그런데 말이에요. 채용을 진행하는 사람들은 사회생활 하면서 깨달은 바가 있어요. 학창 시절에 공부를 좀 등한시 했더라도 일 잘하는 사람은 다른 강점이 있다는 것을요. 여러분도 직장인이 되어서 몇년차 이상이 되면 출신학교는 거의 거론되지 않아요. 경력으로 그 사람을 평가하지요.

다시 말하자면, 굳이 면접 상황에서 편입에 대한 것을 물어본다면 신입학한 전공생들이 8학기 이상 공부한 것을 4학기 정도로 '제대로 학습했을까' 하는 의구심 때문이랍니다. 특히, 비동일계로 편입학한 경우라면 더 그렇겠지요. 지원 직무가 전공 유관성이 높다면 더 그럴 수 있고요.

그렇다면 어떻게 해야 할까요? 당연히 그 의구심은 여러분이 극복해야 할 부분인 것입니다. 특히나 지원 직무가 전공유관성이 높은데 4학기 다니면서 학점관리도 잘 되어 있지 않다면 그 의구심은 합리적인 결격사유가 될 수 있는 것입니다. 그러니 비동일계열이라면 특히 해당전공의 기초가 되는 부분을 별도 학습을 하여 학점관리에 즉 전공 이해도 측면에서 잘 따라갈 수 있어야 합니다. 그리고 동일계열이든 아니든 주어진 교과과정을 이수하는 데에 급급해하는 것이 아니라 좀 더 심화된 학습도 자발적으로 이루어져야 합니다.

그런데 이건 말이죠, 신입학으로 졸업하는 취업준비생에게 동일하게 적용된다는 것입니다. 대부분의 신입학 재학생들도 3학년 때부터 진지하게 진로 고민을 하면서 망친 학점을 복구하거나 진로를 탐색하거나 하는 활동을 시작하거든요. 그러니 편입생 여러분 자신을 가두지 마세요. 그냥 준비가 안 되면 어느 취업준비생이든 불합격하는 것이니 괜한 고민으로 벌써부터 위축되지 마세요.

여러분은 전적 대학에서 새로운 목표를 생각하며, 힘들었던 2년을 웅녀가 마늘과 쑥을 먹듯 참아냈을 것이고, 실용적이지 않은 편입영어 공부에 매진했을 것이며 그리고 다디단 성과를 이루어낸 것입니다! 축하할 일인 것이죠! 정말 축하드려요!

자, 그런데 편입생들의 희비는 편입 후에 벌어집니다. 바로 편입이 여러분의 유일한 도전이 되어버린다는 것입니다. 이제는 학벌이 취업을 보장해주는 시대는 지났습니다. 그런데 편입학 취업준비생들을 만나보면 도전과 열정 경험이 편입 외에는 없는 경우가 많습니다. 그렇게 열정적으로 준비해온 새로운 대학 생활을 또 그냥 그렇게 보내지 마세요.

슬기로운 편입생활
신입학 3학년도 마찬가지

자, 이제 편입 이후의 대학생활에 대해 이야기해봅시다. 편입생들의 마인드셋을 위해 중요한 부분은, 여러분은 1학년이 아니라는 점입니다. 그런데도 새로운 대학교로 편입한 목적은 온데간데없이 1학년처럼 대학 생활을 즐기거나 혹은 새로운 목표가 없는 것처럼 지내는 경우도 있습니다.

그 마음도 이해하겠으나 그간 많은 편입생을 만나보니 다들 후회하는 부분이었답니다. 이제 막 새로운 대학생활을 시작한 여러분은 그 시행착오를 줄이길 바라는 마음에 다시 한 번 정리해 봅니다.

가장 먼저 하는 생각이 '일찍 학기를 마치면 좋은 걸까' 하는 막연한 고민입니다. 이는 남은 4~5학기를 어떻게 보내야 할지에 대한 이해가 없기 때문일 수도 있겠습니다.

통상 동일계열 편입생의 경우 4학기, 비동일계열일 경우에는 5~6학기를 하곤 합니다. 본 내용에 앞서서 하나 말씀드리고 싶은 것이 하나 있습니다. 4학기에 끝내지 못하고 6학기에 끝나는 것에 대해 부담을 조금 내려놓길 바랍니다. 개개인의 사정은 다양할 수도 있겠으나 남들보다 늦게 재정비했다고 새로 시작한 대학 생활을 '제때 끝내는 것'에만 집중하지 않길 바랍니다. '제때'라는 건 저마다 기준이 다를 수도 있겠습니다. 그런데 그렇게 제때 끝내면 또 졸업 이외에 또 무엇이 남을까요.

어떤 학생은 졸업을 늦게 하면 취업하는 데에 결격사유가 되지 않겠냐고도 합니다. 어른들이 말하는 취업적령기를 의미하는 것이겠지요. 없습니다. 없어요. 그런데 왜 자꾸 졸업과 동시에 혹은 25세 전후에 취업을 말하냐고요? 바꾸어서 생각해볼까요? 20대 후반인 지원자가 있습니다. 그런데 대학에 발만 담근 상태에서 목표 없는 취업 준비를 하다 20대 후반이 되었다고 합시다. 어때요, 여러분이 평가자라면 뽑으시겠어요?

즉, 기간이 문제가 아닙니다. 그간 어떻게 그 기간을 보냈느냐가 문제인 것입니다. 그렇기 때문에 남은 학기를 채워서 졸업하면 끝이 아니란 말입니다. 대학생으로서 경험할 수 있는 다양한 것들이 있습니다. 그 과정에서 여러분의 진로를 탐색해볼 수도 있습니다.

	1학기	여름방학	2학기	겨울방학
3학년	학교& 전공적응 전공관리	전공 다지기 경험쌓기	취업탐색	전형준비
4학년	인턴지원	인턴	신입& 인턴지원	취업
추가학기	신입& 인턴지원	취업		

　자자, 위의 기간별 미션을 확인해볼까요. 여러분이 현재 전공으로 진로를 정했든 아니든 전공 관리는 여러분에게 중요한 첫 미션입니다. 특히 비동일계열의 경우 전공기초가 부족하면 적응하는 데에 어려움을 겪곤 합니다. 다행스럽게도 학교마다 전공기초에 대한 학습관리를 제공하고 있습니다. 교수학습개발센터에서 제공하는 학습법 관련 프로그램도 좋습니다. 그리고 학교 밖에서는 한국교육학술정보원에서 운영하는 KOCW 홈페이지에 들어가 보세요. 국내외 대학 및 기관에서 제공하는 강의를 무료로 보실 수 있습니다.

　그런데 이 시기에 전공만 또 집중해서는 안 됩니다. 여러분은 3학년이기 때문에 취업 준비를 시작해야 하기 때문이지요. 그렇기 때문에 전공과 관련된 산업이나 직무가 무엇이 있는지도 함께 탐색하셔야 합니다. 그래야 목표도 구체화해나갈 수 있고 지금 하는 공부에 어떤 것을 심화할지, 추가 경험으로는 무엇을 가져가야 할지도 감이 잡힌답니다. 좀 막연하지요?

그럴 땐 채용공고를 봅니다. 벌써 채용공고라니 할 수 있겠지만 무엇을 준비해야 할지 모르겠다 싶을 때 채용공고가 그 방향을 보여준답니다. 그런데 탐색 차원에서는 대기업 채용공고는 물론 중소중견 혹은 스타트업 채용공고를 찾아보기를 권해드려요. 대기업의 경우 한 직무에 세부적으로 채용하기보다는 제일 큰 덩어리로 뽑아요. 이를테면 영업마케팅, 공정기술하고 뽑더라도 그 일이 무엇인지 감을 잡기 어려울 수 있답니다. 최근 들어서 수시, 상시 등 채용 양상이 다채로워져서 구체적으로 제시하는 경우도 있으니 희망 기업이 있을 경우 검색해보길 바랍니다. 또 일부 기업에서는 직무기술서를 공개하는 경우가 있으니 기업별 채용사이트를 활용해보는 것도 방법입니다. 중소중견 혹은 스타트업 채용공고에는 별도의 직무기술서가 제공되지 않았더라도 대기업에 비해 직무소개가 좀 더 상세화되어 있습니다.

채용공고를 활용하는 방법은 간단합니다. 바로 직무내용, 자격조건, 우대사항을 확인하는 것입니다. 정말 이 회사 관심있다 생각하면 자기소개서 문항도 찾아봅니다. 구체적으로 그 일이 어떤 일을 할 것인지 그래서 어떤 준비된 인재를 필요로 하는지가 명시되어 있는 것입니다. 우대사항에는 정량적인 것도 있지만 산업에 대한 이해 혹은 일을 대하는 태도 등 정성적인 부분이 있습니다. 자기소개서 문항에서도 그와 같은 것을 확인할 수 있고요. 이러한 것들을 정리하여 공통적인 요소들을 뽑아보면 그게 가장 중요하다고 볼 수 있습니다. 그리고 현재 시점에서 해당 요구사항에 자신이 얼마나 부합하는지 확인합니다. 그러면 부족한 부분을 어떠한 경험으로 채워나갈 수 있을지에 대해 알 수 있답니다. 그게 지금 전공과 함께 준비해야 할 것들이랍니다.

그리고 여러분이 해야 할 것이 또 하나 있답니다. 영어성적 만들기. 편입생들은 대부분 영어시험을 중심으로 편입을 준비하게 됩니다. 편입영어의 실체에 대해 말하는 것이 아니라 그만큼 여러분은 영어 시험이라는 형식에 익숙해져 있고 어쩌면 알고 있는 어휘 수도 지금이 가장 많지 않을까요? 그러니 영어 성적을 만들어놓으세요. 토익이 좋냐 토스가 좋냐를 또 따지기보다는 우선 여러분의 현재 수준을 알 수 있는 시험으로 치르면 됩니다. 그래도 뭐가 좋냐고 묻는다면 앞서 말한 것처럼 채용공고를 보세요. 대부분 기업은 공익어학성적을 요구하지만, 특정 시험성적으로 요구하는 경우가 있답니다. 그것을 참고하여 선택하는 것도 방법이겠습니다. 이걸 만들어놓고 나면 나중에 인턴을 지원하는 시점이 임박해서 준비하는 것이 아니라 내놓을 게 생기게 됩니다.

여러분, 저 지금 3학년 1학기만 말했는데 이렇게 길어졌습니다. 편입 첫학기부터 너무 할 게 많다고요? 그래도 해야 해요. 편입생인 여

러분이라서 더 힘들다기보다는 이 시기가 힘든 거랍니다. 3학년, 진로
에 대해 좀더 목표를 다지고 준비해야 하는 시기라서 그런 거예요. 신
입학한 3학년도 이렇게 해야 하는 것이고요. 미리부터 역량과 강점을
어필할 수 있는 이러한 경험을 쌓아왔다면 조금 살살해도 괜찮아요.
그렇지만 편입을 위해 1, 2학년 때 다른 경험이 없다면 지금이라도 해
야 해요. 할 수 있어요!

취업 준비, 언제부터 무엇을 해야 하나요?

 취업 준비란 무엇일까요? 그간 많은 학생을 만나오면서 강의 때마다 왜 개별 컨설팅 받으러 안 오느냐고 물어보면 "아직 준비가 안 되어 있어서요."하고 말합니다. 준비가 안 되어 있으니 오지요. 그래야지요. 그 준비 방향이 엉뚱하게 가는 것을 막을 수도 있고 컨설팅을 통해 좀 더 의미있게 준비할 수도 있답니다. 그런데도 뭔가 준비되어서 제게 내보일 것이 있어야 한다고 생각하는 모양입니다.

 시기는 다 다를 수 있지요. 그래도 굳이 말하라고 한다면 1, 2학년에 다양한 경험을 거친 후 3학년부터는 취업준비를 시작해보길 권하는 편입니다. 전공의 심화로 들어가기도 하고 이제야 맘잡고 사회진출에 대해 고민해보는 시기이기도 합니다. 일찍 한다고 더 좋을 것도, 늦어졌다고 낙담할 필요는 없습니다. 뭔가 내 일을 찾겠다고 마음먹은 이후 어떻게 그 시간을 보내느냐가 더 중요합니다. 그렇기 때문에 늦게 준비한다고 해도 밀도가 높다면 그것도 잘 하고 있는 것이랍니다.

준비 방법도 그리고 시기도 모두 잘 모르겠다 생각하고 있다면, 학교마다 취업부서에 있는 여러 컨설턴트 선생님에게 도움을 받으세요. 직접 만나서 고민을 나누고 싶은데 학교로 가기에는 애매한 학생일 경우에는 집 근처 대학에 대학일자리플러스센터가 있는지를 검색해보세요. 대학일자리플러스센터에 선정된 대학은 대부분 지역 청년의 컨설팅도 지원해드리고 있거든요. 물론 무료입니다. 게다가 현재 비대면으로 운영되고 있어서 컨설팅도 비대면으로 지원받을 수 있답니다.

자, 취업 준비를 제대로 하는 방법을 알아볼까요? 취업 준비는 크게 두 가지로 나눌 수 있습니다. 직무역량 준비와 채용전형 준비입니다.

직무역량 준비
지원직무에 맞게 준비하고 있는지 꼭 확인하기

학생들 입장에서는 직무역량 준비는 흔히 말하는 스펙 준비로 국한되어 생각하는 경향이 있습니다. 영어나 자격증을 의미하는 경우가 대부분이더라고요. 요즘은 인턴이 필수인 것처럼 인식하는 경우도 많습니다. 여기서 주의해야 할 것은 무엇을 했다보다는 '어떻게 잘했다'는 것을 증명할 수 있어야 한다는 것입니다. 그리고 그 근거들이 지원하고자 하는 직무와 어떻게 연결 지을 수 있을지를 고려하는 것이지요.

역량은 통상 지식(Knowledge), 기술(Skill), 태도(Attitude)라고 하여 KSA라고도 합니다. 취업 준비를 한다고 하면 지식과 기술에 집중하는 경향이 있긴 하죠. 하지만 들여다보면 지원직무와 동떨어지게 준비하고 있는 경우가 많더라고요.

3학년 시점에서는 꼭 지원하고자 하는 기업의 채용공고를 미리 찾아서 자격조건 우대사항 그리고 직무내용을 확인하여 정리하는 작업이 필요해요. 그 안에 해당 직무에 필요한 역량이 녹아있거든요. 자격증을 요구하지도 않는데 다들 좋다고 하니 그냥 따고 있는 건 아닌지, 영어성적을 특정 시험으로 요구하고 있는데 다른 걸 준비하고 있는 건 아닌지도 확인사항인 것이죠.

더 중요한 것은 직무내용과 태도가 반영된 우대사항인데요, 여러분의 그간 쌓아온 경험이 직무에서 요구하는 역량과 방향이 맞는가 하는 점을 점검해보는 것입니다. 없다는 생각이 든다고요? 괜찮아요! 아직 3학년이잖아요. 그러니 지금부터 해나가면 됩니다.

다른 활동이 부담스럽다면 과제로 주어지는 프로젝트를 좀 더 난이도를 높여 가치있게 가져가도 괜찮아요. 갈등 경험이 없다고요? 왜 그럴까요? 그냥 좋은 게 좋은 거라는 생각 때문일 수도 있죠. 갈등은 좀 더 발전하기 위한 원동력이 되기도 해요. 더 해보고자 하는 의지가 진행 과정에서 실패로 이어질 수도 있고, 다른 팀원들이 이의를 제기하여 갈등으로 이어질 수도 있게 만드는 것이죠. 그런데 많은 학생이 교수님께서 주신 과제 수준만큼만 하고 제출하기 때문에 뚜렷한 갈등 혹은 실패 경험이 없이 프로젝트를 진행하게 됩니다. 그래서인지 많은 학생들이 취업지원 시점이 왔을 때, 4년간 여러 전공 및 교양 프로젝트를 해왔음에도 불구하고 프로젝트로는 딱히 할 얘기가 없다고도 합니다. 대부분이 그렇게 프로젝트에 임하니 유사 전공생들과 다를 바가 없어지게 되는 이유도 이 때문입니다.

여러 대외활동 경험이 있는 학생들의 경우도 막상 지원서 작성 시점이 되면 무엇을 써야 할지 딱히 할 이야기가 없다고 말하곤 합니다. 이건 왜 이럴까요. 앞서 말한 프로젝트와 비슷해요. 대외활동에 참여하면 참여자들에게 미션을 주는데 딱 그만큼만 해요. 그러면 나중에 그 대외활동이 무엇인지는 말할 수 있어도 자신이 그 시간을 어떻게 잘 보냈는지는 말하기 어렵답니다. 그렇기 때문에 어떤 대외활동이 나중에 도움이 될지를 판단하기보다 여러분의 흥미를 끄는 주제에 도진해 보길 바랍니다. 재밌으면 좀 더 잘 하고 있어지는 마음이 생기고 그러면 여러분이 그 판에서 놀 수 있거든요.

재미만 좇다가 어쩌냐고요? 어때요? 그 안에서 자신의 강점을 발견할 수도 있고, 사회인으로서 일하고 싶은 분야를 발견할 수도 있잖아요. 아무런 경험이 없는 게 문제랍니다. 만약 진출하고자 하는 분야가 정해진 학생이라면 당연히 그 분야와 유사성이 있는 것에 재미를 느끼지 않겠어요? 그럼 또 그대로 잘 즐기고 좋은 성과로 이어나가면 됩니다.

또 이런 질문도 하고 싶죠? 재밌게 잘 한 분야로 하긴 했는데 막상 지원할 때 다른 분야가 하고 싶으면 어쩌죠? 어때요? 또 지원해요! 여러분의 학부 시절 경험은 경력이 아니랍니다. 앞서 말한 것처럼 다양한 경험을 통해 여러분의 역량을 확인하기 위한 것일 뿐입니다. 예를 들어 내가 화장품 관련 대외활동만 했다, 그런데 제약 회사 지원하고 싶다, 하면 된다는 겁니다. 그 경험을 써서요. 어떻게 그렇게 하냐고요? 여러분의 경험은 경력이 아니기 때문에 화장품 대외활동에 초점을 맞추는 게 아닙니다. 엔지니어라면 혹은 마케터라면 그 대외활동에서 어떻게 해당 직무적 역량을 키우는 데에 스스로 움직여 성과를 냈는지에 초점을 맞추면 되는 것입니다.

교환학생 가서 맥주 양조장 다 돌아보고 맥주회사에 들어간 경우도 있지만 자동차 제작 경험을 가지고 전자회사에 들어가기도 합니다. 또는 우대하는 아르바이트 경험으로 관련 기업에 입사하기도 하고, 경쟁사 대외활동 경험으로 합격하기도 합니다. 다시 한번 말하지만 무엇을 했느냐보다 어떻게 잘했느냐로 여러분을 드러내 보이면 됩니다. 그럴 경험이 없는 게 문제랍니다. 그러니 그간 아무것도 한 것이 없다고 아

무엇도 되지 말란 법이 없어요. 아직 재미진 일, 흥미로운 분야를 만나지 못했을 수도 있으니깐요. 3학년도 늦지 않았어요, 4학년도요. 제때 졸업하는 것이 뭐 대수인가요. 자신의 강점을 내보일 경험이 아무것도 없는 게 더 어려움을 느끼게 한답니다.

채용전형 준비
자기소개서, 인적성, 면접도 해봐야 늘어요

여러 경험을 누적하여 앞서 소개한 첫 번째 취업 준비를 하고 있다면, 두 번째 취업 준비는 언제부터 해야 할까요? 4학년? 아니요, 3학년 2학기를 마칠 즈음 해야 합니다. 그러니 4학년 1학기를 앞둔 겨울방학인 것이죠. 왜냐고요. 자 아래 표를 볼까요?

	1학기	여름방학	2학기	겨울방학
3학년	전공심화	경험쌓기	취업탐색	전형준비
4학년	인턴지원	인턴	공채· 인턴지원	취업
졸업유예	공채· 인턴지원	취업		

바로 4학년 1학기가 여러분들이 익히 들었던 인턴을 지원할 시기이거든요. 그러니 그 전에 채용전형 준비를 해야 하는 것이죠. 바로 자기소개서 작성부터 시작해야 한답니다. 공고가 아직 뜨기 전이라고요? 찾아보면 블로그나 카페에서 기존 채용공고나 자기소개서 문항을 친절하게 정리해놓은 것을 발견할 수 있습니다. 기업에서는 채용전형을 바꾸거나 자기소개서 문항을 바꾸는 것도 '일'이기 때문에 자주 바뀌지 않습니다. 시중 은행사들은 매번 바뀌기는 합니다만 일반 기업들은 대체로 유지하는 편입니다. 어차피 한 개 기업만 지원할 것도 아니기 때문에 찾을 수 있는 기업의 자기소개서 문항을 찾아 작성을 해보세요.

쉽지 않을 겁니다. 시작 전에 기를 죽인다고 생각하진 마세요. 시기를 강조하는 것입니다. 적어도 3학년 2학기 겨울방학부터 쓰기 시작해야 남은 학기동안 어떤 경험으로 보완해야 할 줄도 알게 되고, 자신의 경험을 어떻게 표현해야 할 줄도 알게 됩니다. 말 그대로 쓸수록 늡니다. 그런데 차일피일 미루며 알 수 없는 100%의 준비가 된 이후 지원서를 작성하려고 한다면 작성 경험 없이 정말 취업하고자 하는 기업에는 처음 쓰는 지원서를 제출하게 될 것입니다. 얼마나 부담될까요. 그런 부담도 어렵게 하지만 당장 지원하려고 자기소개서 항목을 열어봤는데 생각지도 못한 문항을 발견한다면 가지고 있던 경험도 제대로 표현되지 않을 수 있습니다. 그러니 꼭꼭 써보세요. 막히면 앞서 말씀드린 것처럼 대학에서 컨설팅도 받아보세요.

또 하나 개발자로 지원하는 학생들은 코딩테스트를 대비하세요. 의외로 주전공자들이 코딩테스트를 안일하게 대비하는 경우가 많더라고요. 예전에 백준 알고리즘의 백준 대표에게 강의를 요청한 적이 있었습니다. 그분 말씀이 직접 해봐야 느는 것이라면서 강의는 크게 의미가 없다고 하시더라고요. 그래서 강의 대부분을 백준 알고리즘에서 문제를 풀고 확인하는 실습과정을 함께 해볼 수 있도록 진행한 적이 있었습니다. 물론 그 특강 이후에 매일 문제를 풀어본 학생들은 좋은 결과가 있었으리라 생각합니다. 꾸준히 풀면서 인턴지원에도 코딩테스트를 실전에서 해보는 경험이 중요합니다. 손코딩도 해봐야 알고, 해당 코딩에 대한 면접으로 이어지는 경험도 해봐야 대비책도 세울 수 있답니다.

4학년 1학기에 인턴지원 경험을 통해 채용전형 준비를 하였는데 인턴 합격이 되지 않았다 하더라도 지원해본 경험은 남습니다. 그 경험이 있기 때문에 4학년 막학기 신입 지원 시에 처음이 되지 않을 수 있습니다. 그런데 말이죠. 인턴지원도 두세 군데 쓰고 떨어진다면 그긴 경험이라 말하기 애매해집니다. 그러니 겨울방학 때 미리미리 써보고 지원해보세요. 미리 써본 기업이 인턴을 뽑지 않았다고 쓸데없지 않습니다. 그 기업의 자기소개서를 쓰면서 정리된 생각이 다른 기업에서 면접으로도 활용될 수도 있습니다. 결국 소재가 여러분의 경험에서 나오는 것이니 형식이 바뀔 뿐 여러분의 역량과 관련된 콘텐츠는 자꾸 다듬어지고 있는 셈입니다.

앞서 표를 보신 분들은 4학년 2학기에 공채와 인턴지원이라는 것을 보셨을까요? '왜 인턴?'이라고 하는 분이 있을까요? 최근 들어 취업 재수라는 말이 나올 정도로 8학기와 동시에 취업하는 경우가 많이 줄어들고 있습니다. 물론 미리미리 준비하면 가능하지요. 하지만 많은 학생이 임박해서 움직이는 경우가 많은 것도 사실입니다. 한편으론 양질의 기업에서 채용하는 규모가 줄어들고 있거나 특정 직무에서 두드러지게 많이 뽑는다거나 하는 경우가 있기도 합니다. 그러거나 저러거나 여러분은 자신의 방향성을 알고 차근차근 지금부터 준비해나가면 막학기 졸업과 동시에 취업하는 것이 남의 일이 되지는 않을 겁니다.

막학기에 공채 신입만 지원하지 마시고 지원직무 중에 중장기 인턴이나 계약직이 있다면 지원해보길 권합니다. 지원할 때 고민은 내가 준비한 방향성과 맞는 직무인가에 초점을 맞추면 되지, '합격하면 어떡하지'는 나중 문제입니다. 합격하고 나면 그땐 여러분이 선택하면 됩니다. 그런데 신입만 지원하다 불합격하게 되면 공백기가 올 수밖에 없습니다. 인턴이나 계약직으로 실무를 경험할 수 있는 기회가 있다면 도약해볼 수 있습니다. 물론 인턴 혹은 계약직 근무를 하면서 취업 준비를 하기란 쉽지 않은 부분이 있습니다만 그것이 없다면 여러분은 졸업 이후 활동에 대해 말할 근거가 없어지게 됩니다. 말 그대로의 공백기를 가지게 될 수 있습니다. 다시 말하지만, 취업 준비 100%를 확인하는 건 취업했을 때를 말하지, 준비가 100%인 것은 알 수 없답니다.

어때요? 여러분의 3, 4학년의 흐름을 좀 짚어드렸습니다. 여러 가지 경우의 수가 발생할 수 있습니다만 여러분이 취업을 생각하고 있다면 이에 대해 흐름을 이해하고 현재에 집중하길 바랍니다. 그렇다면 여러분도 졸업과 동시에 취업할 수 있습니다! 할 수 있어요. 그럴만한 기회가 없었을 뿐이지 여러분 모두 강점의 씨앗은 다들 품고 있답니다. 그것을 발견하고 키워나가는 것은 여러분의 몫입니다.

공기업 갈까요, 사기업 갈까요

학생들마다 취업 준비를 마음먹는 시기는 저마다 다르지요. 가급적 3학년 때부터는 시작해야 한다고 늘 말하긴 하지만 다들 사정이 있는 가 봅니다. 그런데 몇 해 전부터 취업 준비를 시작하는 학생들이 많이 들고 오는 고민 중 하나가 바로 이겁니다.

"공기업 갈까요? 사기업 갈까요?"

사기업이냐 공기업이냐 하는 선택의 갈림길에 놓인 분들을 위해 참 고해야 할 내용에 대해 말씀드려볼까 합니다. 여러분의 선택에 좀 더 도움이 될까 싶어서요.

먼저, 여러분이 그 선택에 있어서 고민하는 이유는 무엇인가요? 취업하겠다고 마음 먹었는데 사기업이냐 공기업이냐를 고민한다는 건 사실 안타까운 마음이 듭니다. 왜냐하면 하고 싶은 일을 정하지 못했다는 의미기 때문입니다. 사기업이냐 공기업이냐는 사실 어떤 일을 하고 싶다기보다는 입사의 유불리나 이후 기업이 입사자에게 주는 이익 내지는 업무적 환경 때문인 경우가 많습니다. 쉽게 말로 풀자면 '그동안 한 게 없어서' '경쟁적인 상황이 불편해서' 그리고 '안정적이라서'라는 이유 때문이라는 것이죠. 여러분은 어떤가요?

무엇보다도 사회진출의 방향성을 자신의 흥미와 강점을 중심으로 접근하기를 권해드리고 싶어요. 그것을 구체화한다면 그 일을 할 수 있는 기업을 선택하면 될 테니까요. 준비된 게 없어서 사기업은 무리고 공기업으로 갈까 하는 분들에게, 그 고민의 실체에 대해 하나씩 짚어보는 것으로 말씀드릴까 싶습니다.

그동안 한 게 없어서
지금부터 해도 괜찮아요

여기서 말하는 '한 게'라는 건 소위 말하는 스펙이겠죠? 정량적인 스펙은 오히려 공기업이 아주 분명하고도 명확하게 가점까지 제시되어 있다는 건 아시죠? 그런데 참 아이러니하게도 학생들은 자격증은 딸 수 있는데 사기업에서 원하는 역량을 보여줄 만한 경험은 어떻게 해야 할지 모르겠다 하더라고요. 차라리 지정해줬으면 하는 바람도 있고요. 뭘 해야 한다는데 무엇을 어떻게 해야 하는지가 너무 다양하다는 거지요.

그런데 그 '한 게' 없다면 공기업에서도 자격증만으로는 되기 어려울 수 있어요. 공기업도 조직사회이고 직무라는 것이 있기 때문에 조직 내에서 해당 직무를 '잘' 수행할 수 있는 사람을 필요로 할 수밖에 없거든요. 동일한 자격증을 가지고도 누군가는 면접에서 떨어집니다. 그 '한 게' 무엇인지보다 어떻게 잘했는지에 따라서요.

그러니 단순하게 한 게 없다고 하고 싶은 일을 탐색하지 않은 채, 알 수 없는 유불리로 결정하지 않길 바랍니다. 여러분은 충분히 할 수 있습니다. 돌아가는 것 같아 막연하지만 그게 오히려 정확하고 명확한 길일 수 있습니다.

그간 '한 게' 없다면 지금부터라도 하세요. 무얼 하냐는 건 어떤 일을 하고 싶냐는 목적에 따라 달라요. 상상하기 쉽게 마케팅이라는 업무로 예를 들어볼게요. 마케팅이란 직무는 사기업에만 있을까요? 그렇지 않아요. 공기업에도 있어요. 마케팅하는 제품 혹은 서비스의 성격이 다른 것뿐이지요. 공기업에는 사무직 혹은 일반행정직으로 세부 직무 구분없이 뽑아요. 입사하고 나서 부서별 배치를 받죠. 대부분은 어느 부서에 배치될지는 알 수 없습니다. 희망만으로 다 배정할 수 없으니깐요. 그럼 누군가는 원하는 마케팅을 할 수도 있지만 누군가는 원하지 않아도 마케팅 업무를 수행해야 하는 경우가 있답니다. 부서 순환근무를 하는 경우도 일반적입니다. 물론 지사가 있는 경우에는 다른 업무로 발령받기도 하지요.

어쩌면 '한 게 없어요'하는 고민의 이면에는, '하고 싶은 일이 없어요' 혹은 '전 뭐든 주어지면 잘해요'라는 모호한 입장의 다른 표현이지 않을까 싶어요. 말 그대로 마케팅을 원했다면 원하는 것을 할 수 있는 사기업에 가는 게 오히려 맞았을 테니깐요. 그렇다면 마케팅과 관련된 경험을 지금부터라도 쌓아나가면 되지요. 반대로 어떤 것을 잘하는지 모르는 상태에서는 입사 전에 선택하고 그에 맞는 경험으로 누적해오지 못했기 때문에 자연스레 지원 분야가 한정적인 공기업을 생각할 수도 있을 듯해요. 어때요, 여러분은?

경쟁적인 상황이 불편해서
정도의 차이는 있지만 어느 조직이나 있어요

실적과 성과 중심의 조직문화가 사기업에서는 많이 강조되고 있지요. 맞아요. 그런데 그런 기업문화가 싫다면 그런 기업문화가 아닌 기업을 찾는 게 맞을 듯해요. 경쟁이 없는 조직은 없다는 것이죠. 하다못해 같이 입사한 동기와도 어떤 경쟁적 상황에 놓일 수 있거든요. 그건 사기업이든 공기업이든 마찬가지고요.

경쟁이 싫다면 정말 혼자 일하는 수밖에 없어요. 그런데 혼자 일해도 비슷한 일을 하는 다른 사람에 비해 더 나은 성과를 내기 위해 혼자 일하는 불특정의 누군가와 경쟁할 수밖에 없답니다. '내가 이겨야 해' 하는 경쟁이 아니더라도 다른 사람과 구별되는 나만의 차별성을 지속해서 만들어나가야 하는 상황에 놓이는 것도 어떤 면에서는 경쟁일 수 있는 것이죠.

자본주의 사회에서 경쟁은 필수적일 수밖에 없는 듯해요. 그렇기 때문에 좀 덜 경쟁적인 상황을 찾아 공기업을 찾는 것일 수 있겠는데 이게 또 공기업에서 하고 있는 사업 혹은 서비스에 따라 또 다르더라고요. 그리고 공기업에서는 승진을 위해서 지방지사 혹은 본사가 지방에 있는 경우 본사 근무를 공식, 비공식적으로 해야 하는 경우가 있어요. 제주지사도 누군가는 선호하지만, 누군가에게는 가기 싫은 곳일 수 있거든요. 그러한 선택 속에서 자신이 좋다고 생각하는 건 다른 사람들도 선호하기 때문에 경쟁할 수밖에 없지요.

다시 말해 경쟁하고 싶지 않다는 말은 앞으로 자신이 해나가야 할 어떤 일의 핵심 전제조건은 아닐 수 있다는 말을 드리고 싶어요. 경쟁은 어디든 있다, 덜 한 곳은 있다, 그런데 그곳도 경쟁적이라는 것이죠.

왜 경쟁이 불편한지 생각해보세요. 그 불편의 요소가 빠지면 그 일은 하고 싶은 일인가요? 여러분이 하고자 하는 그 일은 얼마나 하고 싶은 일인가요? 타인과의 경쟁만 생각하기보다 자신이 그 일을 통해 이전에 비해 얼마나 나아질 수 있는지를 고민해보는 건 어떨까요. 스스로가 그 일을 통해 더 성장한다면 경쟁적인 상황을 의식하지 않더라도 여러분은 우위에 있을 수 있습니다.

안정적이라서
그래서 생기는 문제도 있답니다

우리는 지금 많은 것이 불안한 시대에 살고 있습니다. 코로나로 인한 지금도 그렇지만 엔데믹이 된 이후의 상황도 모두가 모호하지요. 그러니 먼 미래를 내다보는 건 개인의 입장에서는 더 감이 안 오는 것도 사실입니다. 사회적으로도 불안을 조장하는 이슈들이 끊임없이 양산되고도 있고요. 저는 그런 면에서 20대들이 안정적 직장을 찾는 것이 문제라고 전혀 생각하지 않습니다.

그런데 자신이 하고 싶은 일을 찾아보기 전에 안정성만 좇는 것은 안타깝습니다. 이는 여러 퇴사 사례를 보면 직간접적으로 알 수 있습니다. 여러분이 당장의 안정성만을 목표로 어떤 일을 선택하더라도 그것 때문에 퇴사하는 경우도 많습니다. 정리해고가 된 것이 아니라 자발적으로 말입니다. 그렇게 원했던 안정성이 확보되었고 노후까지도 어쩌면 보장되어 있을지도 모르는데 말이죠.

왜 그럴까요? 조건만남으로 비유하면 너무 비약일까요. 상대방이 갖춘 조건으로 만났더니 정말 내 짝을 만날 수도 있지요. 그런데 조건은 맞다고 생각했는데 내가 원하는 관계를 맺어나가기에 한계점이 생긴다면 유지하기가 어렵지 않을까요.

안정적인 조직이라 싫은 사람도 오래 보아야 하는 곳이기도 해요. 칼퇴근이나 워라밸을 보장하지 못하는 곳도 있어요. 늘 하던 업무의 연속일 수 있고요. 공기업을 폄하하는 말은 아닙니다. 사실 모든 조직이 상황은 비슷비슷해요. 여러분의 생각만큼 극적으로 안정성을 보장받지 못할 수 있어요. 반대로 사기업도 마찬가지입니다. 물론 그 경쟁에서 우위를 점해야겠지만 정년까지 보장받으며 지내기도 하지요.

조건보다는 조금만 자신을 더 믿고 돌아보길 바랍니다. 아직 여러분은 무엇이든 될 수 있는 사람입니다. 조건을 찾아 선택한 기업에서 누군가는 불현듯 정말 하고 싶은 일이라는 걸 발견하기도 해요. 그래서 누군가는 퇴사하기도 하고, 또 누군가는 그 시기를 기다리며 참고 버티며 다니기도 하고요.

여러분은 어떤 고민을 하고 있나요? 남들 다 가는 기업을 맹목적으로 좇거나 유불리만을 생각하고 있지 않을까요. 선택의 고민에 놓여 있다면 자신이 선택하지 못하는 이유에 대해 꼭 써서 정리해보세요. 의외로 고민해봤자 여러분의 선에서 해결되지 않는 부분도 있고, 정작 여러분 스스로가 준비가 안 되어 있는지도 모릅니다. 생각만으로 하는 고민은 딴 길로 흐를 일이 많습니다. 고민하는 것을 소리내어 말해보고, 정리해보세요. 어쩌면 해야 할 것들이 보일 수도 있습니다.

전공이 맞지 않아요

여러분이 대학을 진학하기로 결정하고 전공을 선택할 때는 누구의 선택이었나요? 예전에는 부모의 권유가 많은 부분을 차지했었는데 최근에는 자신의 적성과 흥미를 바탕으로 선택한다고 하는 이야기를 많이 들었어요. 여러분도 여러 고민의 결과로 지금의 전공을 선택했을 것이라 생각합니다. 그런데 어떤 면 때문에 전공과 관련된 진로로 나아가지 못하고 어려움을 겪는 것일까요. 그 이야기들을 들어보면 또 여러분이 안쓰러울 때가 있습니다.

자신의 선택으로 대학에 들어왔다는 건 참 다행스러운 결과인데도 많은 학생이 전공과 관련된 진로를 선택하지 못해 어려움을 겪고 있어요. 왜 그럴까요. 가장 큰 이유 중의 하나는 전공의 실체가 자신이 생각한 바와 달랐던 경우예요. 또한 1, 2학년 때 전공으로 바로 들어가지 않는 경우가 있기 때문에 교양이나 전공기초를 배우다 보니 흥미가 떨어지기도 하고요. 어떤 학생들의 말에 따르면 너무 넓게 배우다 보니 제대로 배운 느낌이 들지 않거나, 이 전공으로 사회에 나가 무엇을 해야 할지 모른다는 것도 어렵게 만드는 이유이기도 하지요.

전공이 맞지 않다고 생각하는 이유

1학년 때가 기억나나요? 부푼 마음으로 학기를 시작하고 수강 신청이라는 것도 해가며 맞이한 개강 첫날이 어땠나요? 어쩌면 빨리 끝난 그날이 재밌기도 했을까요. 하지만 시간이 지날수록 이게 전공이란 건가 회의감이 들었던 적도 있었을 거예요. 이게 '내가 생각한 전공인가' 하는 감을 잡기엔 저학년 때에는 인문계열은 교양으로, 이공계는 전공기초를 접하기 때문에 어려움이 클 수밖에 없었을 테니깐 말이에요. 또 어떤 이의 말에 따르면 고등학교 수업의 연장선이라는 말도 하더라고요. 그렇다면 여러분이 전공에 실망한 이유는 무엇이었을까요. 너무 넓게 얕게 배우다보니 제대로 배운 느낌이 들지 않거나 이 전공으로 사회에 나가 무엇을 해야 할지 모른다는 것 아닐까요. 그 마음 알 것 같아요, 이해해요. 그런 혼란을 겪을 수 있지요. 충분히 그럴 수 있어요.

국어국문학과에 가서 문학을 접할 줄 알았지만, 국어도 다시 배우고 고등학교 문법보다도 더 비실용적으로 배우기도 하죠. 사회과학계열은 통계에 대한 이해가 기초가 되어야 한다는 게 당황스럽기도 하지요. 이공계는 또 어떻고요. 전자과는 전자 관련 지식을 쌓기 위해 납땜을 배우며 저학년 때 물리 수학을 다시 해야 하기도 하지요. 어쩌면 고등학교 때 배운 적도 없는데 말이에요. 예체능은 또 차원이 다르게 고민되지요. 10년 이상 하면 전문가가 된다고 하는데 대학에 들어오니 비슷한 훈련을 해온 동기 선후배들과의 수준 차이가 천차만별이고 내가 예술가가 될 수 있을 것인가 아니면 이것으로 사회에서 먹고살 수 있을 것인가에 대한 걱정이 앞서게 되니깐 말이에요. 이러저러한 이유로 힘들어하는 학생들을 많이 만나보니 사연 없는 친구 하나 없을 정도로 다양한 고민을 있는 걸 보게 됩니다.

대학에서의 공부란, 즉 고등교육, 말은 고등교육인데 기본을 다룬다는 느낌이 들 거에요. 대학에서 배우는 것은 사실 사회로 나아가기 전에 해당 전공 분야의 가장 얕고 넓은 분야를 배우는 셈이랍니다.

그런데도 전공을 버리지 못하는 경우가 많습니다. 사회에서 인문 사회계열을 두고 여러 편견 어린 표현을 양산해내며 전공을 살리지 못하는 것이 무슨 큰일이라도 되는 것처럼 부풀리곤 하죠. 이공계는 이공계 나름대로 취업이 잘 되는 학과라고 해도 정작 자신은 취업 준비가 쉽지 않으니 문제고, 안 되는 학과는 안 돼서 문제라 드러내놓고 전공과 다른 선택은 하지 못하기도 하죠.

전공을 과감히 버리는 선택은 결국 자신의 흥미와 적성을 알 때야 가능합니다. 그래야 버리는 것이 아닌 더 나은 선택을 하는 것이라고 스스로 믿을 수 있고 그러면 바꾸는 것도 가능하답니다. 문제는 자신이 무엇을 좋아하고 잘하는지 모르는 데에 있지요. 그러니 남들 다 하는 대로의 선택을 따라가거나 아무것도 안 하는 것을 선택하곤 하게 되더라고요.

전공 진출, 꼭 쥐고 있어야 하는 최후의 보루 같은 걸까요. 혹은 이러지도 저러지도 못하게 하는 족쇄같은 것일까요. 여러분이 어떤 쪽이든 지금 참 많이 고민하고 있군요. 그 고민 한 번 우리 제대로 같이 해봅시다. 그래 그러면 또 방법을 찾을 수 있을 거니깐요.

전공 외 진출에 대하여

전공이 가끔은 여러분의 시야를 더욱 좁게 만드는 경향이 있는 듯합니다. 그래도 하고 싶은 뭔가가 생겨서 전공이 아닌 길로 가고자 한다면, 그 과정이 모호하고 막연하더라도 조금은 즐겁지 않을까 싶습니다. 그런데 다른 재미있는 일을 발견했다고 하더라도 전공은 관리하세요!

다른 사회진출을 준비하더라도 전공은 차별성을 가져다줄 겁니다.

예를 들자면 방송 관련 업무를 하고 싶어 신문방송학과로 진학하는 경우가 많지요. 하지만 신문방송학과 졸업생이 다른 사회진출을 목표로 한다면 해당 전공이 모두 무용지물이 될까요. 그렇지 않답니다. 학부 전공 내에서 들었던 수업은 물론 관련 프로젝트가 어쩌면 여러분을 다른 방향으로 이끌어낼 수도 있답니다. 한편으로 방송사에서도 신문방송학 전공자만 채용하지 않습니다. 그만큼이나 다른 전공자들이 다양한 경험을 통해 입사한답니다. 전공과 다르게 사회진출을 계획하고 있다면 지금 전공이 자신의 차별성이 될 수 있도록 노력해보는 것은 어떨까요. 다른 사회진출을 준비하는 데에 에너지를 집중하고 전공은 덤이 될 수도 있답니다.

자, 전공과 다른 사회진출을 목표로 했을 때 여러분은 같은 경로를 가진 선례가 없음에 당황스럽고 그래서 막연할 거예요. 그로 인해 가는 길이 모호하고 성공에 대한 확신도 생기지 않으니 괜한 짓을 하고 있는 게 아닌가 하는 생각이 들 수도 있지요.

이 학생의 경우를 한 번 볼까요. 자연 계열이었던 한 학생은 영어와 일본어를 잘했고 자신은 통번역하는 일에 흥미가 있다고 했답니다. 그래서 지금도 친구의 유튜브를 영어, 일본어 버전으로 자막 작업을 자기가 해주고 있다고도 했지요. 그 학생에게 통번역 대학원에 대해 안내를 해주면서 덧보태서 전공을 챙기라고 했답니다. 나중 일이야 알 수 없지만 자연 계열 분야로 콘퍼런스와 같은 행사도 있고 전문 서적들도 있고 하니 전공에 대한 이해도가 높다면 나중에 차별성이 될 수 있다고 말이에요. 학생의 표정이 달라지는 걸 저는 보았습니다. 그동안 전공에 흥미가 떨어졌다는 그 학생은 제 말에 동의하며 다시 전공에 좀 집중해야겠다면서 영어 논문도 이참에 살펴보겠노라고 말하기도 했지요. 저는 격려의 말을 쏟아내며 그 학생을 지지해주었답니다.

　이미 전공에 흥미가 떨어졌고 다른 길로 가고 싶다는 생각이 들었다면, 그리고 그 분야가 전공을 우대하는 경우라면 여러분은 그 전공자만큼이나 그 일을 잘 할 수 있다는 근거로 내세울 만한 경험을 준비해야 합니다. 프로그래머가 되고자 하는 비전공자라면 개발 경험을 다수 쌓는 것이 중요하다는 의미지요. 그렇다고 너무 겁먹지 마세요. 하고 싶은 그 일을 좋아한다면 그 경험을 만들어 나가는 건 어쩌면 더 재미난 일일 수도 있을 테니깐 말이에요. 여기서 하나 더 짚자면, 그래서 '남들이 좋다더라, 이게 취업에 유리하다더라'라는 말만 좇아 다른 일을 준비한다면 그 과정은 당연히 어렵고 더 막연할 수밖에 없다는 것을 잊지 마세요.

전공이 아닌 다른 길로 가는 2단계
현직자 찾기, 관심산업 파고들기

자, 하나씩 해볼까요. 우선 다른 길로 가고 싶다는 생각이 들었다면 여러분의 마음을 흔드는 어떠한 일을 만났다는 것이니 대환영입니다! 한편으론 얼마나 고민을 많이 했을까 싶기도 해요. 앞서 말한 것처럼 전공이 아닌 길을 선택한 여러분처럼, 누군가가 그런 선택을 하고 어떻게 했는지에 대한 예시라도 있다면 덜 고민됐을 텐데. 참고할 만한 게 없다는 게 가장 선택하기 어렵게 만드는 일일지도 모르겠습니다.

그럼에도 불구하고 여러분이 그 길을 가기로 했다면 그 일을 하는 사람을 찾기 시작해보세요. 그 사람의 전공이 관련 전공이든 아니든 말이죠. 여러분이 선택한 그 일이 다른 전공을 기반으로 해야 하는 일인지, 전공무관 일인지 확인해봐야겠지요. 기본적으로 취업부서를 통해 학교 졸업생의 연락처를 공유받아보는 것이 가장 수월할 수도 있습니다. 요즘에는 유튜브에 현직자들이 자신의 일상을 올리는 경우도 많더라고요. 아니면 현직자 글이나 책도 찾아보는 것도 좋지요. 예의를 잘 갖추어 그 분께 메일이나 메시지라도 던져보세요. 예전에 한 학생은 책을 읽고나서 질문이 생겨 책에 공개된 저자 이메일로 보냈는데 회신이 와서 도움을 받았던 일도 있었답니다. 두드려라, 그리하면 찾을 것입니다.

생각보다 반응이 없을 수도 있지만 어떤 경우에는 생각했던 것보다 더 큰 도움을 받을 수 있습니다. 자신이 가고자 하는 그 일을 하는 사람을 찾았다면, 그가 어떻게 그 일을 하게 되었는지 알아보세요. 전공자라면 어떤 관련성이 있는지, 없다면 무엇으로 해당일을 할 수 있었는지 말이에요. 그래야 여러분의 상황에 맞는 방법을 찾아나갈 수 있지 않을까 싶어요. 어때요? 쉽지 않을 것 같다고요? 처음에는 좀 머쓱하고 그래도 꼭 해보길 바랍니다!

조금은 알고 나니 좀 더 잘해보고 싶어졌다면 또 한 번 격하게 축하해주고 싶네요! 자 이제 또 잘 따라와 보세요! 이제 여러분이 하고 싶은 그것이 어떤 산업과 연관되어 있다면 꼭 그와 관련된 SNS 채널은 하나 관리해나가길 바랍니다. 이건 여러분의 포트폴리오가 될 수도 있고, 해당 산업과 기업의 사업에 얼마나 관심을 가지고 준비해왔는지를 보여줄 수 있답니다. 꾸준함만큼 여러분의 열정을 보여줄 수 있는 것도 없거든요. 왜 전공과 다른 방향으로 선택을 했는지, 어떻게 준비해왔는지에 대해 채용담당자가 물어볼 수 있죠. 그때 증명할 것이 있다면 여러분이 전공과 다른 선택을 한 것에 대해 알 수 있지 않을까요?

백화점에 가고자 했던 지원자는 몇몇 백화점을 정기적으로 방문하면서 자신이 플로어 매니저라고 생각하고 해당 백화점 특정층에 대한 분석을 했던 일화가 있었습니다. 한 전자과 학생은 교환학생 시절 유럽 자동차회사에 견학 신청을 내서 공장 견학은 물론 현장 인터뷰를 해나가기도 했고요. 자신이 좋아하던 게임을 경쟁사 유사 게임과 비교하는 블로그를 운영하였는데 게임 기획 분야에 지원한 학생은 자기소개서 문항과 필기시험에 관련 내용이 있어서 작성하기가 엄청 수월한 적도 있었답니다. 요즘은 브랜딩이라는 말로도 많이 쓰이고 있는데 그것이 여러분을 돋보이게 해줄 겁니다.

이공계열 학생이 승무원이 되고 싶다고 한 적이 있었답니다. 그 학생이 승무원 면접을 하러 갔는데 10의 7~8명은 관련 전공생이라 주눅이 들었다고 하더라고요. 하지만 이 학생은 교양 프로젝트나 타학교 학점 이수 과정을 선택하는 등 다양한 사람들과 교류하며 그들과 어떻게 성과를 이끌어내기 위해 노력했는지에 대해 어필했지요. 채용담당자 입장에서도 매번 듣는 전공생들의 학교 이야기에 비해서 서비스업에 대한 이해가 바탕이 된 이 지원자의 경험에 관심을 가졌답니다. 결국 원하는 승무원이 되었고요.

한 화학계열 학생은 루틴한 품질 직무가 자신과 안 맞을 것 같다고 생각했다고 합니다. 영업을 할까 했었는데 영업의 ㅇ도 몰라 고민하고 있었어요. 학생의 의지가 강한 것 같아서 아는 병원이라도 가서 의사한테 물어보라고 슬쩍 말해주었습니다. 여름방학이 지나고 취업 시즌이 왔을 때 다시 온 그 학생은 어떻게 방학을 보내고 왔을까요. 집 근처 병원 90여 곳에 들려 의사 선생님과 면담을 하고 싶다고 했다고 합니다. 물론 대부분 거절 당하고 30여 분께서 만나주셨대요. 그래서 제

약사를 고르는 기준이라든가 의사들이 좋아하는 혹은 싫어하는 영업
사원이 누구인지 등을 아주 초보 수준으로 물어봤겠지요. 기특하게 보
신 분들은 더 많은 정보를 주기도 했고요. 그 학생은 그 과정에서 다양
한 기업에 대한 정보와 직무상 필요한 자세 등을 확인하게 되었어요.
수십 번 거절당했지만, 알고자 했던 의지도 한몫했었지요. 결국 그 학
생은 마지막 학기 졸업과 동시에 원하는 곳에 취업할 수 있었습니다.

SW 개발자가 유리하다던데
비전공자라면 전공자만큼의 노력은 필수

최근 SW 개발자에 대한 수요가 높다는 말이 나오고 있습니다. 그렇
다고 저를 찾아오는 학생들에게 무조건 던져보듯 말해주지 않습니다.
그래봤자 하지 않을 수 있기 때문에 서로 시간 낭비일 수 있는 것이지
요. 개발자 채용공고를 보면 전공 무관인 경우도 많고 코딩테스트만
통과한다면 진입하는 데에 무리가 없는 경우가 많습니다. 그런데도 비
전공자들이 쉽게 도전하지 못하는 것도 이해합니다. 많은 학생이 개발
자를 꿈꿔보지만, 비전공자라서 시작하지 못하는 학생들에게는 다음
과 같이 권하곤 합니다.

우선 본인들의 기초실력을 확인해보는 것입니다. 프로그래밍도 언

어이기 때문에 그 언어에 대해 이해가 되지 않은 상태에서 난이도 있는 교육과정에 참여하기에는 부담일 수 있기 때문입니다. 먼저, 학교에서 전공선택이나 교양과목에 프로그래밍 언어기초와 관련된 것이 있는지 살펴봅니다. 학기 중이고, 학점과 연관되어 있기 부담스럽다면 학교에서 무료로 제공하는 프로그래밍 기초 동영상강의가 있는지 찾아봅니다. 아니면 온라인 강좌(네이버의 에드위드 등)를 찾아보실 수도 있고요. 그렇게 파이썬, R 혹은 C, Java 등의 언어 기초를 관심 분야에 맞게 선택하여 익히는 과정을 통해 감을 잡을 수 있습니다.

프로그래밍에 대해 이해가 선행되었다면 좀 더 중장기적인 프로젝트에 참여해보는 것도 방법입니다. 고학년의 경우 국민내일배움카드를 활용합니다. 그중에서도 K디지털아카데미 과정을 선택하면 유익한 강좌를 실비 내지는 무료로 수강하실 수 있습니다(멋쟁이사자처럼, 네이버부스트캠프, KT 에비블스쿨 등). 그외에도 기업에서 제공하는 SW개발 자양성과정도 참여해볼 수 있겠지요(삼성 SW 아카데미, 우아한형제들의 우아한 테크, SK플래닛의 T아카데미 등).

전공 분야가 아니더라도 하고 싶은 일이라면 그만한 탐색이 선행되어야 한답니다. 또한 하고 싶은 일이 생겼다면 전공을 버린 이유로 주눅 들지 말고, 새로운 분야에서 일하고 싶은 목표를 명확하게 해야 합니다. 하고 싶은 일이 겉으로 보여지는 좋은 면만으로 선택했다가 퇴사하는 경우도 적지 않기 때문입니다. 20대들이 입사 희망 기업 베스

트에 속한 곳에 취업했다 하더라도 안 맞으면 나올 수밖에 없으니깐
요.

여러분이 원하는 목표를 찾는 과정에서 새로이 알게 되는 것도 있을
겁니다. 목표가 좀 더 선명해진다면 지금 무엇을 해야 할지 알 수 있고
집중할 수도 있어요. 어때요, 어렵지만 꼭 하고 싶은 일이라면 해볼 만
한 노력이지 않나요?

제4장

4학년
준비한 것이 없어요

우리과 선배들은 어느 회사로 많이 갔나요?

매번 듣는 질문 중 하나이지만 여러분이 이 질문을 떠올리고 있다면 저는 안타까운 마음이 듭니다. 해당 기업에 재직 중인 동문에게 도움을 구하기 위한 적극적인 탐색이 아니기 때문입니다. 이런 경우에는 먼저 자신의 흥미나 적성을 몰라서일 수 있기 때문이고 그리고 사회 진출에 대한 정보를 접힐 기회가 없었구나 싶기도 해서 그렇지요.

선배들은 다양한 기업으로 취업한답니다. 들어서 알 법한 기업도 있고 아닌 기업도 있지요. 들어보지 못한 기업이라고 모두가 다 부실한 중소기업인 것은 아니랍니다. 우리가 알만한 대기업은 전체 기업 수의 0.01%에 지나지 않을 뿐 아니라 요즘 떠오르는 기업들은 임직원 수로만 따지면 중소규모인 경우가 많다는 걸 알고 있나요.

오히려 선배들의 재직기업명을 들으면 더 모호해질 수도 있습니다. 어쩌면 대부분이 대기업에 가는 건 아니라고 실망할 수도 있겠지요. 그런데 여러분이 선배들의 취업처가 궁금한 건, 우리 선배가 대단한 기업에 많이 취업했구나를 확인하기 위한 것은 아니지 않을까요?

그런데 왜 선배들이 취업한 기업명이 궁금할까요. 아마도 워낙 막연하기 때문에 선배들의 진출 기업명을 통해 방향을 잡아보려는 것일 수도 있겠지요. '그래 우리 전공 선배들은 이러저러한 기업에 갔구나' 하면서 말이에요. 그런데 재밌는 것은 인문/이공계열별 각 학과 단위로 취업한 재직자들의 기업명을 보면 각 학과 특수성이 반영된 기업명 외에는 다 비슷한 부분을 볼 수 있답니다. 같은 기업명을 발견한다는 의미일 수도 있지만 제멋대로라는 점이 비슷하다는 말을 해주고 싶어요. 자동차 제조 기업의 재직자들의 전공으로 기계, 전자, 소프트웨어, 화학공학, 물리 등 이공계열은 물론 인문, 상경, 어학, 사범 계열 그리고 드물게는 예체능 계열도 등장하거든요.

왜 그럴까요? 기본적으로는 기업에서 제품이나 서비스를 고객에게 전달하기까지 다양한 직무들이 있기 때문이지요. 겉으로 보기엔 전자제품 제조사거나 유통 서비스 기업으로 대표되지만, 그 안에의 수많은 절차를 통해 결과물이 나오고 각 단계에 맞는 직무자가 있다는 것이지요. 그러니 어느 기업에 한 전공자들만 모여있지 않은 것이 당연할 수밖에 없답니다. 엔터테인먼트 기업에도 법무팀이 있고, 공기업에도 전산팀은 있거든요.

선배들의 취업처가 전공 내에서도 전공 간에서도 저마다 다른 이유가 또 하나 있지요. 개개인이 다른 강점과 흥미를 갖고 있고, 관심 영역 또한 다르기 때문입니다. 같은 기업 재직자가 전공별로 나타난다고 그들이 똑같은 강점과 경험을 갖추고 있을까요. 당연히 그렇지 않지요. 다 케이스 바이 케이스, 케바케라는 것이지요.

선배들이 취업한 기업명을 통해 여러분의 막연한 진로 방향을 잡고 싶겠지만 사실상 취업기업명으론 그걸 알 수가 없답니다. 선배들이 취업했을 당시 상황과 지금은 또 많이 달라졌다는 것도 이유겠지요. 그렇기 때문에 선배들이 취업한 기업명은 여러분이 진로를 정하는 데에 뚜렷한 정보를 주지 않는답니다.

서론이 길어졌습니다. 그럼 무엇을 해야 할까요. 바로 여러분 자신을 알아야 하는 것이지요. 취업시장에서는 자신을 잘 팔아야 한다고 하는 말을 들어본 적이 있나요? 잘 팔기 위해서는 소위 말하는 '사기'를 치라는 것이 아니라 자신의 가치를 높여야겠시요. 그러려면 어떻게 해야 할까요. 자신의 전공일까요? 전공이 딱히 차별성을 주는 건 아니에요. 전국적으로 해당 전공자들은 많으니깐요. 그리고 전공자라 하더라도 학부 졸업생을 인사평가자가 전문가로 보지는 않아요.

이건 다른 이야기지만, 그럼 취업 지원 시 요구하는 전문성을 무엇이냐고 물을 수도 있을 것 같네요. 이때의 전문성은 석박사나 경력직 만큼의 전문성이라고 볼 수 없답니다. 학부생으로서 해당 전공 기초지식이 얼마나 탄탄한가를 보는 정도라 볼 수 있지요. 직무 전문성이라는 것도 단순 해봤다가 아니라 해본 경험을 바탕으로 직무에 대해 이해하기 위해 얼마나 노력했는가를 묻는다는 것이지요. 다시 이야기로 돌아가서 전공이라는 것이 주는 차별성은 다른 전공과의 차별성일 뿐입니다. 결국엔 유사한 전공생 내에서는 그 '차별성'을 만들어가야 하지요. 그 차별성의 핵심은 바로 '여러분 자신'이랍니다.

실제로도 선배들의 취업처가 궁금해서 저를 찾아온 학생들과의 대화는, '그래서 이제 어떻게 할까요?'로 이어집니다. 한 번은 비 사범계였던 학생이 선배들의 취업처에 학교가 있는 것을 반가워한 적이 있습니다. '아 나도 해볼 수 있겠다'하는 생각이 들어서겠지요. 그 희망으로 매진할 수 있다면 저는 또 응원을 보냅니다. 왜냐하면 그 학생의 경우 이미 다양한 경로로 교사가 될 방법에 대해 알아봤고 준비해왔거든요. 그 학생에게는 '너만 생뚱맞게 생각하는 건 아니야 그렇게 해볼 수도 있어'하는 증거 같은 게 필요했던 거예요. 하지만 막연하게 진로를 고민하고 있을 때는 어느 선배가 어디로 취업했다는 것만으로 가능성을 판단하기란 무리수라고 생각해요. 아무런 준비가 없는 상태에서 선배들의 취업처를 봤을 때 그것만 보고 '나도 이거 해볼까 저기 가볼까'하며 쇼핑하듯 담을 순 없으니깐요. 그리고 그 과정에서 가능

할지 말지는 앞서 말한 것처럼 케바케이기도 하고요.

어때요? 선배들의 취업처만 궁금해해서는 안 되겠다는 생각이 좀 들까요? 어디서부터 시작해야 할지를 혹 아셨을까요? 스스로를 차별화시켜가는 방법도 이어집니다.

차별화는 어떻게 하죠?

여러분이 차별성으로 강조하려면 어떻게 해야 할까요. 여러분의 강점이 무엇인지부터 생각해봐야 할 것 같습니다. 저마다 다른 강점이 있지요. 어쩌면 여러분은 자신의 강점을 몰라서 걱정하는 것일 수도 있겠다 싶어요. '자신'이라는 중요한 차별성을 드러내 주는, 여러분의 강점을 왜 자신이 모를까요. 여러분의 강점을 발견할만한 기회가 많지 않았다는 것이 가장 큰 이유이지 않을까 싶어요.

저도 알아요, 참 모호하면서도 어려운 작업이라는 것을요. 하지만 자신도 아직 모르고 있다면 다른 사람도 여러분을 모르니 채용할 수가 없답니다. 자신에 대해 이해하는 것은 돌아가는 방법이 아니라 오히려 빠른 길일 수도 있답니다. 여러분이 진로를 고민하며 이 글을 읽고 있다면, 강점도 찾아 나갈 수 있어요, 분명히!

경험을 바탕으로 나의 강점을 확인하는 방법
즐기는 자를 이길 수 없다

知之者 不如好之者 好之者 不如樂之者

지지자 불여호지자 호지자 불여락지자

아는 자는 좋아하는 자만 못하고, 좋아하는 자는 즐기는 자만 못한다

－논어의 옹야편

　요즘 여러분이 가장 즐겨 하는 행동이나 관심사는 무엇일까요. 누가 시켜서 하는 건가요? 아니죠? 그냥 시간 때우기용이라도 여러분은 그 일에 애정이 있는 거예요. 애정이 있으면 어떻게 되지요? 파고들 수밖에 없지요. 이를테면 게임을 좋아하는 사람은 그 게임에서 자신의 캐릭터를 더 레벨업하거나 플레이 실력을 늘리기 위해서도 노력을 하면서 게임을 하겠지요. 반면 그렇지 않은 사람은 아무리 재밌는 게임이라 한들 하루 한 번 들어가 볼까 말까 한 걸 보면 그 차이가 크다는 걸 알 수 있답니다. 누군가는 트렌디한 영상을 꼭 찾아보는가 하면 거기다 리뷰까지 남기는 사람도 있지만 저처럼 그러거나 말거나 내 취향 아니면 보지 않는 사람도 있겠죠. 저 아직 오징어게임 안 본 사람입니

다.

그렇기 때문에 여러분이 어떻게 시간을 보내고 있는지 허투루 보지 말고 잘 살펴볼 필요가 있답니다. 자신의 일과를 스케줄링하여 기록하는 사람들이라면 그간의 기록을 훑어보기만 하는 것으로도 여러분이 어느 일에 관심을 많이 쏟고 있는지 알 수 있어요. 하다못해 일정 잡는 일, 기록하는 일 이런 것을 좋아할 수도 있고요. 가장 쉬운 방법으로는 스마트폰 사용 시간을 확인해보세요. 시각적으로 앱의 평균 사용 시간이 나온답니다. 우리 일상에서 스마트폰은 필수품에 가깝게 우리의 많은 부분을 차지하니깐요. 그러면 이제 그 앱으로 뭘 하는지를 살펴봐야겠지요. 유튜브를 많이 본다고요? SNS를 많이 한다고요? 그렇다면 누구를 팔로우하고 있는지를 확인해보세요. 여러분의 관심사를 확인할 수 있는 실마리가 될 수 있답니다.

해당 관심사에 해당하는 앱 서비스가 여러분의 진로 방향이 될 수도 있지만 거기에서 힌트를 얻을 수 있다는 말입니다. 그런데 좀 더 나아가 저는 그 관심사를 즐기고 있다는 것을 누가 보아도 인정할 만한 활동으로 이어가길 바랍니다. 무슨 말이냐면, 그간 여러분이 그 관심사에 대한 소비자로만 있었다면 그 제품 혹은 서비스에 대한 생산자가 되어보라는 의미지요.

재밌어 보이는 일이 꼭 진로가 아닐 수도 있어요. 그렇다고 해도 그 재밌어 보이는 일을 한 번 제대로 해보는 것도 방법이랍니다. 대외활동으로 확대해볼 수도 있겠고요. 갑자기 왜 대외활동이냐고요? 여러분이 관심 갖는 그 일이, 여러분이 잘하는 일인지 혹은 그 일의 어떤 점을 잘하는지를 확인할 방법이기 때문이에요. 많은 학생이 자신의 관심사에 대해 이해하지 못하고 넘어가는 경우가 많답니다. 그런데 대외활동 즉 서포터즈, 마케터, 기자단, 사회봉사 등등의 활동을 통해 여러분의 그 관심사를 표현해볼 수 있어요. 관련 분야의 아르바이트도 좋고 더 나아가 공모전을 통해 입상해볼 수도 있겠지요.

해당 경험이 여러분의 진로에 유리하다 불리하다 단정 지을 수는 없어요. 왜냐하면 그 경험 자체만으로는 여러분이 어떤 것을 잘하는지를 알 수 없기 때문이지요. 무슨 의미냐면 각 대외활동이나 공모전의 전체 과정을 사실 비슷하답니다. 주제만 다를 뿐이지요. 개인이든 팀이든 그 대외활동이나 공모전을 통해 여러분의 어떤 강점이 성과에 기여했는가를 말해주는 증거로써 경험이 필요하다는 것입니다. 여러분은 이미 해당 분야에 대해 재밌어 하니깐 아마 더 잘해보려고 노력할 수도 있겠지요. 단순히 입상이나 인정을 받기 위해서라기보다는 여러분이 재밌어하는 일에 누군가가 판을 깔아주었으니 여러분이 거기서 잘 놀기만 하면 그게 여러분의 차별점이 될 수 있다는 의미입니다.

뭔가 유리하다고 해서 참여한 대외활동은 고역일 수밖에 없습니다. 재미가 없거든요. 해보다보니 이걸로 뭘 해볼 수 있을 것 같지도 입상도 못할 것 같다는 생각이 들면 더욱더 몰입하기가 어렵습니다. 어쩌다 팀에 들어갔는데 팀이 상을 탔다면 그 순간 기쁘겠지만 자신이 기여한 것이 없어서 입상 경험을 쓰기에도 애매하다는 학생들도 있었습니다. 왜냐하면 그 입상 대회가 직무에 관련된 것도 아닌 데다가 기여한 바가 없으면 딱히 할 말이 없기 때문입니다.

여기서 이공계 학생들도 의아하게 생각할 수도 있겠어요. 기술경진대회나 공모전 아니고서는 굳이 해야 하나 하는 생각이 들 수도 있어요. 하지만 묵묵히 제 일을 해나가는 근면 성실한 이공계생들도 중요하지만, 조직에 잘 융화되고 의사소통능력을 발휘해 문제를 잘 해결해나갈 사람을 찾는 방향으로 흘러가고 있답니다. 왜냐하면 지식적으로 뛰어나더라도 결국 혼자 하는 일이 아니기 때문이지요. 그렇기 때문에 대외활동을 통해 자신의 강점을 드러낼 수 있는 경험이 누적되어 있다면 이공계생의 진면모를 드러내는 데에 부담스럽지 않게 되지요. 특정 제품이나 기업 관련된 경험이 다른 기업에 지원하는 데에 무리가 있지 않겠냐고요? 한 화학 계열 학생은 한 기업의 서포터즈, 기자단은 물론 멘토링에도 참여했었는데 그 기업의 경쟁사에 입사하기도 했답니다. 어느 기업에서 한 그 활동이 궁금한 것이 아니라 그 활동을 통해 유사 전공생들보다 과제를 수행하고 성과를 내는 데에 얼마나 즐겼는지가 그 지원자의 강점이었거든요.

아무 경험이 없는 것이 문제랍니다. 어떤 경험이 유리할지 고민하고 재지 마세요. 결국 그 경험을 통해 여러분이 즐기지 못한다면 뻔한 대외활동 스토리 외에 여러분은 말할 게 없어질 테니깐요. 차별성을 만드는 방법은 따로 있는 게 아니라 여러분이 즐기는 모든 순간이 모여 만들어질 겁니다. 놀아도 제대로 노세요!

차별성을 만드는 커리어 브랜딩이란

요즘 들어 많이 들리는 말이 '브랜딩'입니다. 1인 미디어 채널이 급성장함에 따라 자신의 취향과 관점을 드러내 보인 일반인들이 주목받고 있어요. 인플루언서라는 타이틀을 가지고 다양한 분야에서 영향력을 끼치기도 하고요. 그들이 그렇게 성장하기까지는 전략적이든 아니든 그들의 가치를 드러내 보이는 '브랜딩'의 힘이 있었다고 생각해요.

저는 브랜딩에 대해 전문가는 아니지만, 이번에는 진로 방향을 잡아나가는 데에 이 브랜딩을 어떻게 활용하면 좋을지에 대해 알려드리고자 합니다. 최근 들어 지원서에도 자신을 어필할 수 있는 URL이나 SNS 계정을 적으라는 선택사항이 등장하기도 했습니다. 선택은 필수라고 말해주곤 합니다. 왜냐하면 없어도 불이익은 아니지만 있는 사람들은 어느 면으로 보나 가점 요소가 있기 때문입니다. 그렇다면 모두가 다 채워 넣었다고 했을 때 그 선택사항이 빈칸인 사람은 상대적인 감점처럼 느껴질 수도 있는 것이죠.

브랜딩은 몰라도 포트폴리오, 레퍼런스라는 말은 들어보셨을까요? 사회진출을 준비하는 20대들에게 브랜딩은 결국 비슷한 맥락이라고 볼 수 있습니다. 나아가고자 하는 방향에 맞는 취향과 관점을 드러내 보이는 것이죠. 누적된 개인의 데이터는 고스란히 역사가 되어 줄 겁니다. 그럼 어떻게 해야 할까요. 콘텐츠 소비자를 넘어 생산자가 되세요!

SNS 채널 관리하기
제일 만만한 블로그부터

지금 SNS를 활용하지 않는 20대는 거의 없지 않을까 싶어요. 대부분은 개인 일상 계정이나 필요에 의해 프로필 사진 하나 없는 죽어있는 계정도 있지요. 여러분의 취향과 관점이 반영되는 채널을 하나 만드세요. 이미지 중심이라면 인스타그램을, 스크랩이나 글을 중심으로 할 거면 블로그를 선택해보세요. 영상편집이 부담스럽지 않다면 유튜브도 좋겠지요. 인플루언서가 되겠다는 목표보다는 좋아하는 것을 기록한다는 생각으로 접근하시면 됩니다. 체력이 좀 약하다면 운동을 꾸준히 하는 기록을 남기는 것도 방법일 수 있고요, 새로운 취미 생활도 괜찮습니다. 인플루언서들처럼 각 잡고 제대로 한다고 하면 시작하기 어려워요. 아마 그들도 첫 포스팅은 지웠을지도 몰라요. 그냥 계속할 방법으로 시작해보세요. 하다보면 채널관리 실력은 늘어나기 마련이니깐요.

저도 블로그와 인스타에 유튜브도 짬짬이 하고 있고 잡담용으로 트위터, 죽어있는 페이스북 또 뭐가 있을까요? 아 카카오 채널도 있어요. 그중에서 제가 좋아하고 편하게 그리고 꾸준하게 하는 건 블로그와 인스타인 것 같아요. 인스타도 사실 개인 일상 계정이었는데 제가 좋아하는 콘텐츠를 최근에 담게 되었죠.

그리고 보면 블로그가 제가 좋아하는 걸 가장 잘 반영한 채널인 것도 같습니다. 책이 좋아서 읽으며 남긴 서평 같은 에세이로 시작하여 20대들과 북클럽도 시작했고 이렇게 진로에 대한 이야기도 나누는 시작이 되기도 했거든요. 제 블로그를 보면 누가 봐도 '아 이 사람 책을 좋아하네'라는 생각이 들 것입니다. 저를 전혀 모르는 사람도 그렇겠죠. 그런데 제 블로그를 보면서 '20대에 관심이 많네' 하는 건 아직 잘 다가오지 못할 수 있겠지만 꾸준히 하다 보면 그것 역시 알 수 있게 되는 날이 올 것이라 생각해요. 저도 책 리뷰만으로 시작한 건 1년이 채 되지 않습니다. 그렇다면 진로와도 연관성을 가지고 내 브랜딩을 해나가는 것도 그만큼의 시간이 걸릴 것이라 생각합니다.

　여러분도 가볍게 시작해보세요. 꾸준히 할 수 있고 재밌어하는 것으로요. 처음부터 유불리를 생각하기보다는 꾸준하게 해나가는 것이 중요합니다. 지금도 시작하지 않는다면 나중에 필요로 할 때 또 아무것도 없게 됩니다.

관심산업과 관련짓기
기사스크랩부터 시작해보세요

　유사 전공자들 사이에서 진로 방향은 대체로 비슷합니다. 배운 것도 그리고 경험한 것도 비슷하기 때문에 차별성이라는 게 드러나기 쉽지 않지요. 그 차별성은 진출하고자 하는 해당 분야에 대한 관심도를 드러내는 것으로 시작할 수 있지요.

　코로나19 이전 상황에서는 학생들에게 관심있는 산업의 박람회를 방문하기를 추천했습니다. 전자반도체 산업대전이나 생명바이오 박람회, 식품박람회, 여행레저 박람회 등 다양한 분야가 있습니다. 해당 박람회가 일반인에게 공개되는 날에 가보면 해당분야의 신기술은 물론 관련 산업에 속한 기업정보도 접할 수 있답니다. 평소 관심있는 제품 서비스라면 좀더 알아보고 간다면 해당기업의 엔지니어나 마케터와 직접 대면할 일도 있습니다. 최근에도 박람회가 방역관리를 해나가며 재개되고 있으니 가보길 바랍니다. 여러분은 방문에서 그치지 말고 더 나아가 다녀왔다는 기록도 남기셔야겠지요. 어릴 때 쓰던 탐방후기 정도로 그치지 않고 기업의 사업분석으로 이어질 수 있다면 더 큰 의미가 될 것입니다.

한 화학계열 학생의 경우는 건축자재 기업의 고객용 쇼룸에 가서 제품 설명을 듣기도 했습니다. 자동차 부품사에 지원했던 기계과 학생은 정비교육을 받고 있었고 자동자 공조회사 면접을 앞두고 실제 공조기기를 뜯어보고 가서 어필하기도 했습니다. 또 전자계열 학생 한 명은 중고로 폰을 몇 개 사서 직접 뜯어보며 제품별로 비교하고 얻은 실제적인 경험으로 면접에서 강조했답니다. 인문계열도 빠지지 않죠. 화장품 리뷰 서비스에 자신의 리뷰를 최대한 자세하고도 많이 기록하여 제시한 경우도 있었고, 자동차 기업에 가고자 한 상경계열학생은 해당 기업의 정비소 아르바이트를 하여 어필하기도 했습니다.

이와 같은 차별화를 위한 경험은 더 다양하고 많지 않을까 싶습니다. 그런데 동일한 경험을 했더라도 기록하는 건 열의 한두 명에 지나지 않았답니다. '어떤 분야에 대해 지속해서 공부해왔습니다', 하는 말은 하나 마나 할 수 있지만 '**주제로 블로그를 1년간 **포스팅을 작성해나가며 해당 산업에 대한 이해를 높였습니다'라고 하는 것은 근거가 명확할 수 있습니다. 마케팅에 관심있다고 말하기보다 채널 하나를 잘 만들어나가는 것 역시 차별적인 방법이 될 수 있지요. 특히 디자인 분야에서는 SNS 채널 자체가 포트폴리오가 되기도 하고 심지어 피드를 본 관계자가 입사를 권유하는 경우도 있습니다.

이처럼 자신이 진출하고자 하는 분야에 대한 제품 혹은 서비스에 대한 꾸준한 리뷰나 스크랩도 유의미할 것입니다. 이것 자체를 쓸 데가 없다 하더라도 여러분이 지원시점이 되어 해당 기업 산업분석을 위해 또다시 몇 년간의 기사를 찾아야 할 것을 미리한다고 생각해보셔도 좋을 듯합니다. 그 과정에서 산업의 동향과 새롭게 알게 되는 기업 그리고 이슈에 대해서도 접하실 수 있습니다. 입사 지원 시점에서 뭔가를 만들어내기보다는 시간적 여유를 두고 꾸준히 기록을 남겨놓는다면 유용하게 활용할 수 있을 것입니다.

학생들에게 기록하라고 하면 처음부터 부담을 갖는 경우가 많습니다. 특히나 관심분야에 관해서 하려고 하면 뭔가 어설퍼서도 안 되고 제대로 하지 않으면 안 될 것 같은 느낌이 들기 마련입니다. 우리가 어떠한 정보를 찾을 때 참고하는 것들은 SNS 채널 관리자들에 의해 이미 안정적으로 콘텐츠를 확보하여 제공하는 것들이 많기 때문에 상대적 비교가 되어서 그런 것일 수 있죠. 그로 인해 시작이 부담되기도 하고 호기롭게 시작했다 하더라도 지속하기가 쉽지 않습니다.

그렇다면 완벽하게 하려는 마음을 버리세요. 인플루언서가 되자고 시작하는 건 아니니깐요. 여러분이 게을러서가 아니라 타인의 평가에 부담을 느끼는 것이라면 스크랩이나 리그램부터 시작해도 괜찮아요.

주제에 따라서는 누적되는 것 자체가 의미가 있을 수 있습니다.

이게 무슨 도움이 되냐고요? 유불리를 생각하지 말고 시작하라고 했지만, 여러분의 소중한 시간을 내어 하는 일인 만큼 효용성을 생각하지 않을 순 없지요. 영업마케팅 분야로 진출을 희망하는 학생만 필요할 것 같지만 이공계열 학생들도 유용합니다. 어떤 면이냐면 바로 표현력입니다. 이공계 학생들이 쓰고 말하는 것이 상대적으로 더 어려워하는 경향이 있죠. 그렇기 때문에 더욱 진출산업에 대한 꾸준한 관심을 기록으로 남기는 것이 필요합니다. 이후 지원서 작성이나 면접에도 도움을 될 수 있어요. 꾸준하게 기록하는 것은 최소한 표현력을 기르는 데에는 확실한 효용성이 있습니다. 자신이 좋아하는 것이 돋보일 수 있도록 글이든 사진이든 기록해나가면 됩니다. 길이가 짧든 길든 말이죠. 핵심만 짧게 쓰는 것도 얼마나 중요하다고요.

급 자기소개서 얘기로 넘어가 보면 여러분의 경험을 많게는 1,500자 적게는 300자 내외로 작성하라고 합니다. 참 쉽지 않아요. 하지만 꾸준하게 글을 쓰는 연습이 되어 있다면 충분히 자기 경험을 풀어낼 수 있습니다. 지원자들의 자기소개서를 보면 글을 많이 읽고 쓴 경험이 있는 경우와 아닌 경우는 확연하게 보이거든요.

더 나아간다면 그것이 차별성을 만드는 근거가 될 것입니다. 여러분의 취향과 관점이 녹아난 기록은 여러분이 유사한 경험을 한 다른 지원자들에 비해 남다른 면이 있다는 것으로 보여줄 것입니다.

독일 철학자 헤겔은 일정한 양이 누적되면 어느 순간 질적인 비약이 이루어진다고 하였습니다. 이른바 '양질 전환의 법칙'인 것이죠. 여러분이 재미로 시작한 꾸준한 기록은 의미 있는 가치가 되고, 여러분의 브랜딩이 되어 차별성이 될 것입니다.

학점이 낮은데 공기업 갈까요?

학점이 낮은 학생들에게 연이어 나오는 말이 있습니다.

"학점이 낮아서 공기업 가려고요."

아마도 블라인드 채용이라 학점, 전공, 학교 등을 보지 않으니 진입하기 쉬우리라 생각하는 듯합니다. 결론부터 말하면 아닙니다. 그렇지 않습니다. 절대로.

왜 그런지를 바로 얘기하기 앞서서 공공기관은 무엇이고, 사기업과 어떻게 다르고 같은지부터 이해하는 것이 좋을 듯합니다. 공공기관이 뭔지 안다 하는 학생이라면 블라인드 채용의 이해로 넘어가셔도 좋습니다.

공공기관은 그럼 무엇인가?

기본정보와 준비 방법

공공기관이란??

정부의 투자·출자 또는 정부의 재정지원 등으로 설립·운영되는 기관으로서 일정 요건에 해당하여 기획재정부장관이 매년 지정한 기관을 의미합니다.

공공기관의 운영에 관한 법률 (제4조)

공공기관은 사기업과는 달리 정부의 지원을 받는 사업을 운영하는 기관으로서, 정부 부처의 특성에 따라 사업을 운영하고 있습니다. 우리나라 20대 정부부처는 18부 4처 18청 6위원회로 구성되어 있습니다. 쉽게 말하면 18부 중에 하나인 고용노동부 산하에는 근로복지공단, 한국고용정보원, 한국장애인고용공단, 한국잡월드 등이 고용 노동 관련 사업을 운영하는 것이지요. 22년 현재 이와 같은 공공기관은 350개가 지정되어 있습니다. 그런데 학생들이 신호하는 공 공기관 중 시장형, 준시장형 공공기관을 공기업이라 부르기 때문에 통상 공기업 준비라고 말하긴 하지요. 이를테면 한국전력공사, 인천국제공항공사, 한국마사회, 한국토지주택공사 등입니다. 이외에도 기금관리형과 위탁집행형 및 기타 공공기관으로 분리되어 있습니다.

이걸 왜 알아야 할까 싶죠? 학생들이 대부분 공공기관에서 운영하는 사업의 성격을 모르고 단순 학점이 낮다는 이유로 선택하는 경우가 많기 때문에 그래요. 그게 왜 문제냐고요? 해당 사업이 사기업들과는 다른, 공공가치라는 성격을 띠고 있고 게다가 공공기관의 운영 성격이 달라 그에 따라 요구하는 역량 역시 차이가 날 수 있기 때문이지요. 그래서 그것에 맞게 미리 준비한 지원자를 이기기가 어렵답니다. 경영 관련 전공자 중에서는 금융 관련 공공기관을 중심으로 준비하기도 하는데, 해당 공공기관은 기획재정부 산하에 있기 때문에 시중은행을 준비하는 것과는 다를 수밖에 없답니다.

어째 저도 쓰면서 공공기관에 관심있는 친구들이 지레 겁을 먹으면 어쩌나 하는 생각이 들기도 합니다. 겁을 먹기보다는 학점이 낮다고 지원하는 곳은 아니구나 하는 생각은 했으면 합니다.

공공기관을 생각하는 학생들은 우선 공공기관 알리오(www.alio.go.kr)에 들어가 보길 권합니다. 공공기관 알리오는 어떤 공공기관이 있는지부터 해당 공공기관이 운영하고 있는 사업 정보 등 전반적인 정보를 제공하고 있습니다. 상단 메뉴에 있는 잡알리오에도 들어가 보면 기존의 채용공고까지 다 나와있습니다. 공공기관 지원을 사기업에 비해 명쾌하다고 볼 수 있는 점이 공고가 구체적이라는 점입니다. 따라서 준비해야 할 정량지표, 즉 관련 자격증도 명확하지요. 자격증하니 생각나는데, 대충 어떠어떠한 자격증을 따야지 그러지 마세요. 공고에 정확하게 몇 급을 따야 하는지 그게 우대가점이 얼마인지, 중복 인정이 되는지 안 되는지도 나와있습니다. 공공기관 채용공고를 보면 여러 가지를 우대사항을 챙기기보다는 선택과 집중을 하는 것이 중요하다는 것을 알 수 있습니다. 한 학생의 경우 한국사 2급이 있었는데 1급을 공부하고 있더라고요. 어디 지원하냐고 확인해봤냐고 했는데 글쎄 그 기업은 2급 이상은 다 동일 우대가점을 주는 것이었습니다. 시간만 버릴 뻔한 셈이죠. 공공기관 채용공고만 정독해도 준비 방향을 잡는 데에 유용합니다!

정부부처 산하 공공기관의 경우 학생들의 경우 지방 근무나 순환근무를 하는 것에 대한 거부감이 있기도 합니다. 지방 학생들의 경우는 지역 채용의 우대를 받기도 하지요. 가끔 재직자들의 경우 지방근무로 인해 이직을 하는 경우도 더러 있습니다. 그렇다면 지방공공기관은 어떨까요? 지방공공기관은 지방 행정자치구의 예산으로 운영되는 공공기관입니다. 그러니 서울시 경기도 등의 해당 지역의 예산을 바탕으로 운영되기 때문에 지역을 벗어나지 않습니다. 이러한 정보는 클린아이(www.cleaneye.go.kr)를 통해 확인할 수 있습니다. 물론 수도권 선호가 높다보니 수도권 소재 공공기관의 경쟁률은 높을 수밖에 없습니다.

이상에서 말씀드린 것은 공공기관을 이해하는 데 가장 기본적인 부분을 말씀드린 것입니다. 공공기관도 사기업과 마찬가지로 대표사업 이외 다양한 사업을 운영하고 있습니다. 꼭 공공사업만 하는 것이 아니라 수익형 사업을 진행하는 곳도 있고요. 기업정보는 위의 사이트를 통해 살펴볼 수 있으니 알게 된 내용을 기사로 확인하는 작업을 거치며 가고자 하는 기업의 사업분석도 해보길 바랍니다. 자기소개서 작성할 때도 해당 기관의 사업에 대해 견해를 묻는 경우가 많습니다. 어때요, 사기업 준비하는 것과 크게 다르지 않지요?

블라인드 채용의 이해
학점이 아닌 직무 적합성을 보여줘야 합니다

공공기관은 크게 일반행정직과 기술직이 있습니다. 기관에 따라 모집 단위 표현이 다소 차이가 있는 점 참고하시고요. 기술직은 학점을 보지 않나 생각할 수 있지만 기재란이 없습니다. 대신 관련 교육정보를 기재하거나 관련 자격증을 필수로 하는 경우가 있습니다. 그러니 비전공자나 학점이 낮은 지원자도 있을 수 있겠지요. 관련 교육을 별도로 이수하거나 자격증 시험을 준비하기 위해서는 해당 전공자가 유리할 수밖에 없습니다. 하지만 이를 극복하고 관련 사항을 충족한다면 지원 가능합니다.

이게 왜 가능하냐면 직무 적합성이 채용에 있어서 중요한 기준이 되기 때문입니다. 사기업과 마찬가지로 공기업에서도 그 일을 잘 할 수 있는 사람을 찾습니다. 그런데 그것이 경력직이 아니라 신입을 뽑는 것이기 때문에 그 '잘'이라는 의미는 해당 직무를 잘 할 수 있는 역량 (지식/기술/태도)으로 확인하는 것이죠. 해당 직무가 민원 업무가 많다면 의사소통 역량에 대해, 직무 수행에 공정함이 전제되어야 한다면 직업윤리와 관련된 내용으로 파악할 것입니다. 그것은 결국 학점과 같은 정량적인 성적만으로는 알 수 없다는 것이죠. 학점이 좋아 전공의 이해도가 높다면 역량 중에서도 '지식' 부분을 확인할 수 있겠지만 이는 관련 자격증으로서 확인할 수 있다는 것입니다. 그러니 해당 기술이나 태도를 직간접적으로 경험해봤거나 해당 기술 및 태도를 보여줄 수 있는 경험으로써 제시해야 하는 것이죠. 어때요. 이 점도 사기업과 크게 다르지 않지요.

그러니 학점이 낮으니 공기업을 지원해야지 하는 전략은 잘못된 전략인 것이죠. 학점의 리스크를 극복하여 요구하는 자격증을 취득하고 지원하고자 하는 공공기관의 사업을 이해하고 그에 따른 역량을 갖추기 위해 노력해야 하는 것입니다. 좋은 기업이라면 좋은 인재를 찾고 싶어 합니다.

블라인드 채용 도입으로 인해 학벌 내지 학점으로 인해 발생하는 후광효과를 걸러낼 수 있다는 연구 결과도 있답니다. 여러분이 명문대이든 아니든, 학점이 높든 아니든 후광효과 없이 제 능력으로 지원할 수 있다는 점이 블라인드 채용의 목적인 것입니다.

단순 학점을 가지고 여러분의 진로를 정하지 마세요. 앞서 공기업의 성격을 말씀드렸듯이 가서는 정말 다양한 일을 할 수 있습니다. 그러니 어떤 일을 해나갈 수 있을지 자신에 대해 생각해보세요. 하루 8시간 이상 해야 하는 사회생활입니다. 열심히 준비하여 원하는 곳으로 갔더라도 여러 가지 이유로 이직하는 세상입니다.

대학원에 갈까요?

여러분은 어떤 고민으로 대학원 진학을 고려하게 되나요?

"제 전공은 대학원이 필수래요."
"취업에 유리할 것 같아서요."
"공부를 좀 더 해보고 싶어서요."

다양한 이유가 있긴 하겠지만 취업의 유불리만으로 진학을 고민하지 않길 바랍니다. 왜냐하면 진학은 취업에 있어서 유불리의 문제가 아니라 해당 분야의 전문성을 갖추기 위한 선택이기 때문입니다.

학사보다는 석사가, 그리고 석사보다는 박사가 더 좁고 깊이 있게 배웁니다. 취업을 목표로 진학하게 된다면 그 더 좁아진 길로의 진로 방향을 모색해야 합니다. 자연계열 학생이라 연구직으로 가고자 석사 진학을 했는데 세부 전공에 대한 고민 없이 진학한 경우가 있었습니다. 석사 졸업 학기에 만난 그 학생은 연구 과정이 참 재미없었다고 합니다. 그 과정에서 오히려 학부 시절 참여한 프로젝트 실험에 여전히 관심이 있어 고민이라고 했습니다. 학부 시절에 조금만 더 고민해봤다면 그 관심 분야로 진학하여 좀더 흥미를 가지고 임했을 것이고 어쩌면 수월하게 취업을 했을지도 모르겠습니다.

여러분의 전공에 개론서가 있다면 그것을 살펴보세요. 학부시절 그와 관련하여 심화전공 내지는 관련 프로젝트 경험을 통해 좀 더 배우고 싶다는 욕구가 있었던 그 주제를 찾아야 합니다. 그래야 석사과정도 의미가 있고 그 이후도 뜻대로 나아갈 수 있답니다. 대학원에 진학 시 연구계획서를 작성하게 되어 있어요. 그러한 방향성과 관심 주제가 없다면 작성 방향을 잡기에도 애매합니다.

다시 한번 강조하건대, 대학원 진학은 취업에 유리하다 불리하다는 접근이 아니라 내가 하고 싶은 일이 무엇인지에 대해 생각하고 접근해야 할 필요가 있습니다. 이렇게 진학에 대해 방향을 잡았다고 하면 이제 고민을 좀더 들여다볼 수 있겠네요.

취업에 유리할까

직무에 대한 이해와 조건 확인하기 그리고 취업 준비도

취업을 염두에 두고 대학원 진학을 고민하는 분들께 드리고 싶은 이야기를 해보려 합니다. 학부 졸업만으로도 취업은 가능합니다. 전공으로든 전공이 아닌 방법으로든요. 그런데 학사와 석사의 경우 직무의 차이가 생겨나는 전공계열이 있지요. 심리계열도 그렇지만 화학이나 생명 계열이 대표적일 것인데요. 화학이나 생명 계열의 전공자는 학부 졸업으로는 대부분 품질 직무로, 석사 이상이 되어야 연구직으로 갈수 있습니다. 간혹 학부생을 대상으로 연구직을 뽑는 경우도 있지만 연구과정에서 맡게 되는 일이 다릅니다. 우리가 연구개발이라고 할 때 R&D 라고 하지요. R은 'Research'라면 D는 'Development'의 의미입니다. 그러니 단순화하자면 석사 이상 학력의 경우 선행연구개발에 참여하게 되지만, 학부 졸업생은 연구된 것을 상용화 내지 버전업을 하는 직무라고 말씀드릴 수 있겠습니다.

최근 빅데이터 업무에 대해서도 관심을 많이 두고 있는데요, 그것 역시 학사도 석사 이상도 지원할 수 있지만 하는 일에 대해 차이가 있다는 말씀을 드립니다. 그러니 향후 어떤 일을 하고 싶은지에 대해 찾아보아야 한다는 의미입니다.

이건 전공마다 진출 분야마다 다르니 채용공고를 찾아보세요. 채용

포털 사이트로 전공 분야 혹은 학력을 체크하여 검색해보면 기업 채용공고를 찾아볼 수 있습니다. 거기에서 직무별로 학사와 석사가 어떻게 다른지 확인해보시면 알 수 있을 것입니다. 본인이 관심 있는 진출 분야가 석사 혹은 박사가 필수인지 아닌지 확인해보길 바랍니다.

이는 일반 채용 포털을 찾아볼 수도 있지만 석박사 관련하여 전문 채용포털이 있기도 합니다. 대학 중심의 연구자가 되고자 한다면 〈하이브레인넷〉을, 기업연구소 등 기업 취업을 목표로 두고 있다면 〈김박사넷〉을 참고하길 바랍니다.

여러분이 사전에 진출 방향과 해당 직무 분야에 대해 선택했다면 전공 공부에 매진하는 데에 집중하기 마련입니다. 그런데 전 진학하는 학생들도 4학년 막학기에 지원서를 작성해보길 권하는 편입니다. 취업 준비라는 것이 직무에 맞는 학력이나 역량을 갖추는 것도 준비이긴 하지만 전형준비도 포함되는 것이랍니다. 그런데 대부분 진학 예정자는 취업 지원을 해보지 않습니다. 그러다 석사 졸업을 앞두고 어려움을 겪는 경우가 많았습니다. 왜냐하면 취업을 위한 자기소개서 작성 때문이지요.

자기소개서는 학사와 석사가 크게 다르지 않습니다. 석사의 경우 연구기술서나 과제 PT가 추가되는 경우가 있긴 하겠지만 그 부분은 해온 것이기 때문에 크게 부담스러워하지 않더라고요. 대부분은 자기소개서와 면접을 준비하는 데에 어려움을 겪어요. 특히나 자기소개서 상에 작성할 경험으로 전공 이외의 쓸만한 경험이 없다는 것이죠. 물론 해당 전공 연구과제에서 충실하고 그와 관련된 경험으로 확대해볼 수는 있습니다. 그런데 대부분의 경우 프로젝트 자체에 성실히 임하는 경우가 많습니다. 좋은 것 아니겠냐고 하겠지만 해당 분야의 연구 과정은 비슷한 모습을 띨 수밖에 없습니다. 기업의 당면과제와 딱 맞아떨어지는 연구과제 자체의 우수성도 중요하지만, 조직원으로서 여러분의 인성과 태도가 드러날 수 있는 경험을 작성하는 것도 필요하답니다.

학부 시절 지원서 작성 경험이 있는 학생들은 자기소개서 상에서 요구하는 질문을 사전에 파악할 수도 있고 작성해보면서 자신의 표현력에 대해서도 다듬어볼 수도 있고 잘 진행되어 면접까지 가게 되면 면접 경험도 쌓이게 되니 좋은 경험인 것이죠. 그러다 붙으면 어쩌냐고요? 그때는 행복한 고민의 시작인 셈이죠. 여러분이 그 기업으로 학사 출신으로 해야 하는 직무에 관심이 있다면 가는 것이고 그렇지 않다면 진학을 하면 되는 것이니깐요. 그러니 합격하고 나서 고민하셔도 늦지 않으니 우선 지원 경험을 가져보는 것도 좋습니나.

석사 4학기 학위논문 준비 등등으로 정신없을 즈음 관련 공고를 발견하고 급하게 찾아온 학생들의 경우 안타까운 경우를 많이 보아왔기 때문에 드리는 말씀입니다. 취업을 염두에 두고 진학을 하는 분이라면 꼭 학부 시절에 지원서 작성 경험을 가져보길 바랍니다.

자대로 갈까 타대로 갈까
지도교수가 가장 중요합니다

대학원 진학을 고려하는 학생들이라면 한 번쯤 고민해봤을 텐데요. 타대학원 진학을 통해 학력과 함께 학벌도 올리고자 하는 경우겠지요. 자대에 비해 타대학원으로 진학할 경우 전형의 어려움이든가, 적응의 문제라든가 이런 부분도 함께 고민이 되기도 하고요. 그래서 본교로 진학하기도 합니다.

본교로 진학할 경우에는 다양한 장학 혜택이 있습니다. 물론 배웠던 교수님과의 관계 맺기도 수월할 수 있고요. 학교 적응이랄 게 별다른 게 없이 학업에 집중할 수 있다는 이점이 있습니다. 그런데 이러한 혜택에 선행해야 할 고민은 바로 지도교수의 선택이라고 볼 수 있겠습니다.

여러분이 속한 대학의 학과 정보란에 들어가면 전공 교수 소개메뉴가 있습니다. 같은 전공 내 교수라도 세부 전공이 다 다른 것을 확인할 수 있습니다. 결국 여러분은 대학원을 진학하면 그 세부 전공으로 학업을 이어가게 될 것입니다. 해당 교수의 논문 등의 연구실적이나 연구과제를 확인해보세요. 여러분은 이를테면 제어로 로봇분야로 가고자 하는데 같은 기계공학 전공 교수여도 의료기기 관련 연구를 진행하고 있거나 역학이나 자연모사 등의 다양한 부분에서 두각을 드러내고 계신 분일 수도 있습니다. 물론 어떤 식으로 기본전공 바탕으로 이어갈 수 있는 부분은 있겠지만 세부 방향에 따라 여러분이 배우고자 하는 방향과 달라질 수 있다는 것에 대해 말씀드리고자 합니다.

　연구과제를 살펴보다 보면 국책 연구나 순수학문을 연구하시는 분도 있고, 기업과의 실질적인 연구를 수행하시는 분들도 있습니다. 여러분이 관련 프로젝트에 참여하게 된다면 그것도 진출 방향이 될 수도 있기 때문에 꼭 찾아보길 바랍니다. 관련 과제 논문을 찾아볼 수 있다면 읽어보는 것도 향후 여러분이 하게 될 연구와 연결지어 고민해볼 시간도 될 수 있습니다.

　저는 일반대학원 교육학과 교육심리를 전공하였습니다. 그때 제 지도교수님께서 그러셨습니다. 연구는 건물을 짓는 게 아니라 벽돌 한 장을 잘 다듬어서 건물을 짓는 데에 보탬이 되게 하는 것이라고 말입니다. 그렇기 때문에 전체 설계도를 이해하고 있는 지도교수님의 연구 방향은 자신의 벽돌을 만들어가는 데에 중요한 기준이 될 수 있지요.

　이렇게 자대든 타대든 여러분이 연구하고자 하는 교수님이 누구인지부터 찾아보며 선택하길 바랍니다. 여러분이 해당 분야에 대해 배우겠다는 자세를 가지고 교수님께 연락을 드려볼 수도 있겠지요. 때에 따라서는 타대학 연구실로도 학부 연구생으로 참여해볼 수 있을 것입니다.

아, 학부 학점이 다소 낮다고 해서 기죽지 마세요. 대학원 진학자들이 모두 4점대였던 것은 아니랍니다. 진학 전공과 관련하여 기초이론이 취약한 부분이 있다면 보완하시면 됩니다. 중요한 것은 여러분이 대학원 진학을 통해 얻고자 하는 방향이 무엇인지에 대해 얼마나 고민했고 연구자로서의 자세를 바탕으로 이후에 임할 각오가 되어 있는가 하는 부분이랍니다.

지금 뭐하지

학부 연구생을 찾아보세요 그리고 연구자 마인드를 쌓아보세요

전공에 대해 방향성을 잡은 학생들은 전공 내에서 학부 연구생이 있는지 찾아보세요. 교내에서 찾는다면 좀 더 수월할 수 있고, 교외에서 찾아볼 수도 있습니다. 교외의 경우 정보가 많지 않을 수 있을 텐데요, 석사 전공 선배 혹은 조교들에게 물어보는 것도 방법일 수 있습니다. 지리적 위치에 따라 다르긴 하지만 학교 근처에 연구소가 있다면 홈페이지를 찾아 학부 연구생을 모집하는지 알아보세요.

학부 연구생은 말 그대로 학부생 신분이지만 연구실에 인턴으로 들어가 해당 프로젝트의 업무를 지원하는 역할을 하게 됩니다. 어떤 경험이든 그것만 하면 된다는 것으로 이해해서는 안 됩니다. 주어진 일

이상으로 능동적으로 일을 찾아서 하고 학습한다면 프로젝트의 한 부분에 참여하는 기회를 얻기로 합니다. 그래서 종종 학부생임에도 공신력 있는 저널에 이름을 등재하기도 하고 주제 포스터 발표에 참여하여 성과를 내기도 합니다.

　학부 연구생에 참여하는 과정에서 미리 석사 혹은 박사의 연구 과정을 엿볼 수도 있습니다. 대학원 공부는 학부시절의 공부와는 접근법도 다르고 공부의 양이 자기 하기 나름이기 때문에 주도성을 가지고 하지 않는다면 어려움을 겪기도 합니다. 학부 연구생 과정을 통해 직간접적으로 연구 과정에 참여하여 스스로 연구자가 될 준비를 해보는 것이 좋습니다. 어쩌면 이 경험을 통해 진학은 자신의 길이 아니라는 것을 확인할 수도 있겠지요. 그래도 괜찮습니다. 진학을 염두에 두고 연구실에 참여한 경우라 할지라도 지도교수님과 잘 논의하여 말 그대로 잘 마무리할 수 있습니다. 그간의 경험은 취업으로 전향한다고 하더라도 전공 심화 과정으로써 의미있게 활용할 수도 있답니다.

　학부 연구생이 인원을 많이 뽑는 것도 아니고 자신의 전공분야 내에서 모집을 하지 않을 수도 있습니다. 그렇다면 저는 3, 4학년 때부터 전공관련 저널을 찾아 논문을 읽고 이해하는 연습을 해보라고 합니다. 사실 여러분이 학부시절 배우는 것은 이미 다져지고 다져진 이론일 수 있습니다. 현재에도 새로운 연구실적들이 나오고 있기 때문에 논문을 본다는 것은 전공에 따라서는 학부 프로젝트 과제를 수행할 때에 발생하는 한계를 극복할 수 있는 팁을 얻을 수도 있습니다. 그 과정에서 해당 전공 분야에 대해 더 풍부하게 이해할 수 있습니다. 어쩌면 여러분이 호기심을 갖고 궁금해했던 연구 분야를 만날 수도 있을 것입니다. 이와 같은 논문은 각 대학마다 도서관 홈페이지에서 제공하기도 합니다. 국내외 다양한 저널에 접속하여 관심키워드로 검색하면 수많은 연구자들의 지식을 탐독할 수 있습니다. 더불어서 해당 분야의 해외 논문을 통해서 영어 읽기와 쓰기를 다져나가는 것도 방법일 수 있겠습니다. 영어 능력이 다져진 분이라면 대학원에서 참고문헌 찾기에 훨씬 더 수월해질 수 있답니다.

혹 대학원을 준비하는 과정에서 취업에 대해 보장받으면서 금전적인 지원을 받고자 하는 분들은 산학 장학생, 계약학과와 같은 키워드로 검색해보길 바랍니다. 이는 기업이 대학원 진학자들에게 학비 지원을 하면서 졸업 후 입사의 기회를 주는 채용방식으로 기업 입장에서는 인재를 선점하는 데에 의의가 있습니다. 그 때문에 대학원이 기업과 산학연계를 맺은 학교로 지정되어 있는 경우가 있습니다. 주로 이공계 분야에 많기는 합니다만 종종 인문 상경 계열 직군도 나오기는 하니 관심있는 분은 이전 채용공고를 찾아보기 바랍니다.

대학원 다니는 시간이 투자 대비 좋은 것인지에 대해 물어오는 학생들도 가끔 있습니다. 그래서 석사만 할지 석박통합을 지원할지를 고민하기도 하고요. 그때도 전 되묻습니다. 원하는 공부냐고 말이죠. 진출 분야에 따라 필요로 하는 학력은 대부분 채용공고에 제시되어 있습니다. 그러니 오랜 시간이 걸리더라도 자신이 공부하고자 하는 방향이라면 몰입하며 연구실적을 가져가면 됩니다. 우리나라의 고학력자들이 많은 편이고 기업의 입장에서는 지원자들 중에서 조금이라도 우수한 사람을 채용하려고 하는 것은 당연할 수밖에 없습니다. 원하는 공부도 성과를 내기 어렵기 때문에 해당 분야를 즐기며 공부한 사람의 성과를 이길 수가 없습니다. 대학원이 여러분에게 주는 혜택은 여러분 하기 나름이라고 말씀드리고 싶어요.

대부분 전공자에게 대학원 진학은 선택일 수 있습니다. 선택하기 전 다방면으로 탐색해보고 접근해보길 권해드립니다. 무엇보다 중요한 것은 여러분이 정말 공부하고 싶은 분야 그리고 앞으로 하고 싶은 분야인지입니다.

졸업유예를 할까요? 졸업을 할까요?

4학년 2학기 중간고사 이후쯤에 4학년들이 찾아옵니다. 그리고 여러 고민 가운데 빠지지 않는 질문이 있지요.

"졸업 유예를 할까요? 졸업을 할까요?"

8학기 수료는 했고 취업을 바로 하지 못한 이 상태에서 어떤 선택이 유리할지에 대한 것을 물어보는 것이겠지요. 결론부터 말하자면 유예와 졸업의 차이보다는 이후 공백기 관리가 더 중요하답니다. 무슨 말인지 차근차근 따라와 보세요.

졸업 유예는 졸업요건을 충족했으나 졸업을 미룰 수 있게 하는 제도입니다. 많은 학생이 졸업 유예기간을 두고 취업 준비를 본격적으로 해보겠다고 생각하곤 합니다. 사실 이 졸업 유예기간이 길어지지 않게 하기 위해서는 당연히 미리미리 해야 한다는, 하나 마나 한 이야기가 있긴 합니다. 그럼 4학년 막학기를 보내고 있는 학생이라면 다시 차분히 생각하며 따라와주세요.

취업을 한다고 했을 때 졸업 유예와 졸업의 차이는 크게 없습니다. 고려할 사항만 있을 뿐입니다. 하나, 희망하는 기업의 인턴 지원에 졸업생 제한이 있는지, 둘, 지원받고자 하는 국가청년지원정책에 졸업생 제한이 있는지, 셋, 재학 대학교의 서비스 이용에 졸업생 제한이 있는지 말입니다.

사실 하나, 둘은 대체로 졸업생 포함인 경우가 많고, 국가지원은 청년으로 구분하여 ~34세(때에 따라 ~39세)까지는 제한이 거의 없습니다.(이건 청년포털 및 청년정책 사이트를 참고하세요) 세 번째의 경우는 학교마다 조금 차이가 있습니다. 일부 비용을 내는 경우도 있고, 대학 내 이용시설을 제한하는 경우도 있고요. 이 부분에 대해 고려하여 판단하면 될 것입니다.

많은 4학년생은 사실 소속감 부재에 대한 불안감이 좀 더 큰 것 같습니다. 대학생이라는 신분이 아닌 취업준비생이라는 모호한 이름표가 붙기 때문이겠지요. 냉정하게 생각해서 졸업과 동시에 취업한 학생들에 비해 자신이 그만큼의 준비를 하지 않았다면 여러분에게는 그 준비할 시간이 당연히 필요하다는 걸 인정하면 좋겠습니다. 그리고 그건 문제가 아닙니다. 다만 제대로 그 시간, 즉 학기 수료 이후의 시간을 관리해나가지 않으면 제자리걸음인 공백기가 될 수 있다는 점만 유념하시기 바랍니다.

그런데 학생들은 졸업에 대해 취업 자체에 불리함이 있을까 봐 염려합니다. 그럼 유예하면 되는데 왜 하지 못하는지가 사실 중요한 지점인 것이죠. 바로 공백기가 된다는 생각이 들어서인가 봅니다. 성적증명서를 보면 언제 학기를 마친 것인지 알 수 있기 때문에 졸업하든 유예하든 공백기는 확인할 수 있습니다. 그러니 졸업 여부의 문제라기보다는 공백기 관리에 대해 초점을 맞추어 고민하는 게 더 합당할 것 같습니다.

학기 수료 이후 공백기 관리에 대하여

관련 기사도 종종 나오곤 하는데 졸업 이후 취업하는 데에 11개월 정도가 걸린다고 합니다. 예전에는 10개월 정도였는데 그게 조금 늘어난 것인가 싶네요. 10개월이든 11개월이든 중요하지 않습니다. 여러분은 더 짧게 단축할 수 있습니다. 취업에 관련된 기사들이 오히려 불안을 조장한다고 생각해요. 그러니 헤드라인이나 자극적 표현에 현혹되지 마세요. 졸업 이후 비정규직을 어쩔 수 없이 하는 경우도 있겠지만 수료 이후의 공백기를 줄이는 데에 최적의 선택일 수 있답니다.

소위 대기업은 전체 기업 수의 0.01%에 지나지 않습니다. 그러니 중소규모인 기업이 첫 직장인 건 어쩌면 당연한 것입니다. 그런데도 첫 직장으로 다수가 중소기업으로 간다는 식으로 작성된 기사를 접하면 취업준비생 입장에서는 뭔가 잘못된 것 같은 인상을 받곤 하죠. 기사가, 대학 재학시절에도 컨설팅과 사회진출 계획을 미리 해볼 기회를 마련하여 시기를 단축하는 것이 무엇보다 중요하다는 점, 그리고 그러기 위한 구체적인 방법이나 방향을 제시하는 것이 기사로서 더 가치가 있지 않을까 싶습니다. 흠흠 전 청년들의 기 꺾는 기사 보면 좀 욱하긴 해서 옆길로 새긴 했네요. 그러니 언론에서 나오는 힘빠지는 기사는 제대로 이해하고 읽어야 합니다.

수료 이후에 해야 할 일에 대해 강조하고 싶은 것은 수료 전 4학년 막학기에 신입은 물론 인턴과 계약직 지원하기입니다. 무작위 지원은 무조건 '비추'입니다. 학생들 중에는 어딘가에 얻어걸리겠지 싶어하는 마음도 있다는 걸 압니다. 하지만 하고 싶은 일이 명확하지 않더라도 언제나 방향성을 가지는 게 가장 중요합니다. 직무와 산업을 넘나드는 무작위 지원보다는 몇 개의 직무와 산업의 우선순위를 두고 기업규모를 대기업뿐만 아니라 중견중소기업, 외국계기업 그리고 스타트업까지 하여 지원하고자 하는 기업리스트업을 구축하세요. 그러면 그 기업에 인턴과 계약직으로 지원하는 것이 부담스럽지 않습니다. 그 기회를 삼아 점프업할 수 있고 새로운 직업군 혹은 기업에 대한 정보도 얻을 수 있습니다. 학생 신분으로는 몰랐던 알짜 기업들 말입니다.

많은 학생이 연간 3월, 9월에 지원서를 쓰는 것으로 오해하는 경우가 있습니다. 이전에는 대기업을 중심으로 대체로 공채시즌이라는 것이 있었으니깐요. 하지만 많은 기업이 전형방법은 물론 채용 기간에 대해 변화를 시도하고 있습니다. 특정 시기에 채용 공고를 내기보다는 상시 혹은 수시로 뽑는 경우가 많아졌습니다.

만약 4학년 2학기에 지원해보지 않고 12월을 맞이했다면 3월까지 기다리기보다 12월부터 바로 지원해보길 바랍니다. 지원도 경험이 쌓여야 자기소개서 작성도 매끄러워지고 면접도 잘 치를 수 있습니다. 채용포털 사이트만 들어가도 채용공고는 늘 올라와있는 것을 확인할 수 있습니다. 그러니 방향성을 잡았다는 전제 하에 그 방향에 맞는 지원을 계속해나가시길 바랍니다. 지원과정에서는 채용공고를 통해 준비해야 할 사항과 기존 경험으로 강조해야 할 부분이랄지 등도 지원서 작성을 통해 정돈해나갈 수 있습니다. 합격하게 되었을 때는 여러분에게 선택권이 온 것이기 때문에 다닐지 말지 고민하셔도 됩니다. 처음부터 '여기 되면 어쩌지' 하는 생각으로 지원도 못하는 경우도 있지만 김칫국일 수 있답니다.

인턴이든 계약직이든 궁극적으로 가고자 하는 진로방향이 맞다면 그 경험은 공백기가 아닌 경력으로 채워질 것입니다. 부디 학기 끝나고 영어나 자격증 공부만으로 시간을 보내지 않길 바랍니다.

시간관리도 전략이다

하나 보태자면 학기를 수료하고 나면 가장 어려움을 겪는 것이 바로 시간 관리더라고요. 풀타임으로 활용가능한 시간을 어떻게 해야 할지 고민하느라 어영부영 시간이 흘러가게 두지 마세요. 평소 계획적이지 않은 분들이어도 최소한 '고정시간'과 '유동시간'을 구분하여 일일, 주간, 월간을 관리해 나가기 바랍니다. 적어도 풀타임으로 시간이 주어 졌을 때는 어떤 것에 꽂힐 때 그 일을 하는 식이 아니어야 합니다. 지원서 작성 혹은 자격증, 영어 등 정량적인 준비나 직무 관련 교육은 물론 운동 등 자기계발 시간도 고정시간으로 확보하여 일정 관리를 해야 합니다. 틈틈이 하는 일의 목록을 만들어 놓고 유동시간(이동시간 포함)에 그 목록에 있는 일들을 처리해나가는 방식이 필요합니다. 기업뉴스 채용정보 등 수시로 체크해야 하는 건 유동시간에 포함되는 것이 좋지요. 그래야 고정시간에 각 잡고 지원서를 쓸 수 있으니깐요. 여러 시간 관리 방법들이 있지만 최소한 고정시간과 유동시간만 관리하더라도 여러분은 매일매일 작은 성취를 해나갈 수 있답니다. 그럼 좀 더 큰 도전을 해나가는 데에 힘이 될 거예요.

4학년 막학기 즈음에 만나게 되는 학생들을 보면 다들 한 번씩 안아주고 싶어질 때가 있습니다. 아직 뭔가를 준비할 때가 안 되어 있을 수도 있고 저마다의 사정이 있을 텐데 그 고민을 듣기는커녕 다들 취준생이라는 꼬리표부터 달아주곤 하니깐요. 늦지도 않았고 눈치보느라 애쓰지 않아도 괜찮아요. 지금이라도 하면 돼요. 지금도 뭔가 시작하기 어렵다면 자신을 보듬어주세요. 뭔가 어렵게 하는 이유가 있을 거니깐요. 자기자신을 이쁘다 이쁘다 하는 그 마음이 시작일 수 있습니다.

그렇지만 수료 이후 여행을 가라, 이런 말은 전 못하겠습니다. 그것도 뜻이 있는 사람에게 해당하는 것일 테니깐요. 그러니 여러분이 현재를 점검하고, 하고자 하는 방향을 재점검해보는 것이 무엇을 하든 집중할 수 있게 할 것입니다.

고학년 편_학점이 낮은데 어쩌죠?

4학년이 되어 자신의 성적표를 들여다봤을 때 낮은 학점을 보며 고민에 빠지는 경우가 있습니다. 이미 엎질러진 물, 어떻게 수습할 것인가에 초점을 맞추어서 이야기해볼까요.

자신의 낮은 학점에 대해 한숨이 나오는 경우는 지원서를 작성할 때나 아니면 면접을 준비할 때가 가장 많은 듯합니다. 그런데 지원서를 작성 시점이리면 고민하지 마세요. 고민한다 한들 전혀 도움이 되지도 않고, 달라질 것도 없기 때문이랍니다. 지원서 작성 시에는 지원분야와 기업에 대해 초점을 맞추어 고민하고 최대한 자신의 강점에 대해서만 집중해도 될까 말까에요. 최저 기준(보통 3.0) 이상이라면 떨어질 것을 염두에 두지 말고 지원하세요. 복권도 사야 뽑힐 확률에 들어가는 거지요. 걱정만 하면 아무런 기회가 오지 않습니다.

서류 잘 넘어가고 인적성(필기)를 통과하고 면접을 앞두고 있을 때부터는 전략이 들어가야 합니다. 이때부터는 만반의 준비를 해야 하겠지요. 물론 운이 좋아서 혹은 출중한 능력을 갖추고 있어서 학점에 대한 질문을 받지 않을 수 있습니다. 마인드컨트롤 해야 할 부분은 서류와 인적성(필기)를 통과하고 면접 안내를 받았다면 이미 학점에 대한 것은 논외라는 것입니다. 학점이 높은 사람도 이전 단계에서 떨어졌는데, 학점이 낮은 사람이 면접까지 왔다면 무슨 매력인지 궁금할 수밖에 없어요. 면접장에 있는 수많은 고스펙자들과 동등한 관계라고 스스로 생각하세요. 그게 사실이기도 하고요. 그 단계에 오른 것이라면 그래도 여러분은 학점 이외에 해당 직무나 사회생활에 적합한 경험이나 태도로 인정받은 것으로 일단 생각해도 괜찮습니다. 잘 해온 거에요.

그래도 준비를 해야 하는 이유는 마음이 편해지기 위해서라도 당연하겠지요. 자, 학점이 문제였다면 이전에 떨어졌어야 하는데 본인은 붙어서 면접장에 온 것이잖아요. 그런데도 면접관들이 학점에 대해 물어본다? 왜 그럴까요? 이유야 여러 가지겠지만 관련 직무가 전공 유사성이 높을 경우는 전공기초이해를 물어볼 수밖에 없어요. 여러분이 친구에게 전공 관련 질문했는데 개념에 대해 명확하게 이해하고 설명해주는 친구가 있다면 '오 쫌 아는데' 싶잖아요. 그러니 면접자로 선정됐다면 전공 기본기를 파세요. 물어볼지 안 물어볼지 유불리를 따지지 말고요.

다행히 인터넷에는 기출문제를 찾을 수도 있어요. 그 문제가 나온다기보다는 전공에 있어서의 수준을 보면 되고요. 그러고 나면 전공 개론서를 중심으로 준비하세요. 눈으로 읽지 말고 꼭 소리내서 읽어가면서 하세요. 왜냐고요? 여러분은 필기시험이 아닌 면접, 말하는 시험을 준비하는 것이니깐요. 가끔 안타까운 경우가 늘 쓰던 전공 용어같은 것도 말이 꼬여 신뢰도가 깎여, 더 파고드는 질문을 받을 때가 있더라고요. 면접관 입장에서는 미심쩍은 거죠. '학점이 낮다는데 기본이 정말 안 되어 있는 거 아냐?' 싶으니깐요. 전공 면접 혹은 직무면접이라는 타이틀이 붙지 않은 인성 면접에서도 가끔 물어보기도 하지만 걱정만 하지 마세요. 3점 초반이지만 면접장으로 불렀다는 건 여러분에 대해 관심있다는 말임을 잊지 마세요. 그러니 근거있는 자신감, 근자감을 꼭 탑재하세요. 여러분은 멋진 지원자라 보고 싶어한 것이니깐요. 그들도 바쁜 사람들이에요. 그냥 부르진 않아요.

제가 10여년간 만난 수많은 3점 초반의 지원자들의 희비가 엇갈렸습니다. 자신의 목표가 명확하고 관련 경험이 있는, 그리고 학점이 상향곡선이면서 꾸준히 전공 공부를 게을리하지 않는 경험으로 증명했던 경우는 원하는 취업을 하였답니다. 하시만 3점 초반이면서 '우선 어디든 취업하려고요' 하는 마인드는 번번이 고배를 마실 수밖에 없었습니다. 늦었다 생각할 때가 늦었다고요? 아니요! 지금부터 목표설정을 해나가면 됩니다. 돌아가는 것 같아도 그게 정답입니다. 뚜벅뚜벅 더디게 느껴지더라도 말이죠. 그리고 그 발자취를 기록으로 남기세요. 분명 변화의 기미를 느낄 수 있을 겁니다.

에필로그

사회진출을 준비하고 있는 20대들에게

아직도 고민하는 부분이 있나요? 아마도 그럴 수 있지 않을까 싶어요. 앞으로 살아가는 데에 매 순간이 선택의 연속이고 그 선택의 책임은 오롯이 자신의 것이 되어 갈 테니깐요. 그 선택 중 내 직업을 고르는 고민이라니 어려울 수밖에 없을 듯해요. 그 일로 몇십 년을 하고 살아야 한다고 생각하면 엄청난 선택의 순간이라고 생각하기도 합니다.

어릴 때부터 예체능 쪽에서 훈련받은 학생들을 보면 그런 생각을 하게 됩니다. 10년을 하면 전문가라는데 정말 10년 넘게 한 학생들이 있잖아요. 그런데도 그 세계에서 프로로 인정받으려면 또 더 머나먼 여정을 떠나야 하더라고요.

가끔 부상으로 그간의 훈련을 접어야 한다거나 더 출중한 실력을 가진 사람을 만나 더 나아갈 힘을 잃는 경우도 있지요. 어쩌면 대학생활 동안에 그간 해왔던 것과 다른 경험을 만나 새로운 길을 개척해나가는 경우도 있습니다.

운동을 했던 한 학생은 기초체력이 좋으니 다른 일도 기본을 잘 해나가는 힘이 되기도 하고, 미술을 했던 학생은 전문예술가에 비해 부족하다 싶어도 일반인보다는 출중한 실력을 가지고 N잡을 하기도 했어요. 팀워크가 일상인 학생은 타인과의 업무 협업에 능숙하기도 하고요. 섬세한 감수성을 갖춘 학생은 다른 사람이 보지 못하는 디테일함이 강점이 되기도 했습니다. 자의든 타의든 원래 하던 것과 다른 것을 선택했을 때도 그간 해온 것들이 다 헛 일이 되는 건 아니라는 말을 드리고자 합니다.

대학생이 되어 진로를 고민한다고 했을 때 많은 사람들이 좋아하는 것을 찾아보라고 하지요. 저 역시도 어떤 것을 좋아하냐고 질문을 하기도 합니다. 좋아하는 것을 바탕으로 한 일 속에서 여러분의 어떤 강점을 확인할 수 있기 때문에 질문하는 것입니다. 좋아하는 일이 다 직업이 되지 않을 수 있어요. 그리고 취업한 첫 직장, 첫 직업 그게 평생을 가지 않는 시대가 되었어요.

요즘 자기 계발 분야에서 핫한 인플루언서들도 보면 처음 직업이 아닌 경우도 많아요. 그들이 선택한 것은 좋아해서 꾸준히 한 것밖에 없다고 하더라고요. 나이가 들수록 자신이 하고 싶은 것을 좇아 새로운 영역에 도전하는 사람도 많아졌다는 걸 실감합니다. 그게 가능한 시대가 도래했고요.

여러분이 고민하는 그 질문을 가만히 들여다보세요. 어느 방향으로 가고 싶은데 주저하게 하는 그 부분이 어떤 점 때문인지 말이에요. 마음의 소리를 좀 더 구체화하고 그것이 이끄는 곳으로 터벅터벅 걸어가다 보면 분명 더 나은 삶을 살고 있을 것입니다.

늘 응원합니다.